산댄 공장의 기적

산덴 공장의 기적

김영순 지음

쌤앤파커스

생산방식의 초격차를 실현한,
인간경영자 김영순

류랑도 _ ㈜성과코칭 대표, 한국성과관리협회 의장

2009년 어느 날 출판사에서 전화가 왔다. 캐논코리아를 취재하고 성공비법을 책으로 써줄 수 있느냐고 물었다. 내가 전업작가도 아닌데, '왜 나에게?' 하고 되물었다. 기업의 성과관리에 대한 통찰력을 갖고 있으니 경영전문가 관점에서 집필해달라는 요청이었다. 그렇게 해서 2011년에 세상에 나온 책이 《캐논코리아의 혁명은 포장마차에서 시작되었다》다. 당시 김영순 전무는 그렇게 나와 인연이 되어 지금까지 가슴 설레는 교류를 이어가고 있다.

김영순이라는 사람은 사람 자체가 순수하다. 한편 자기관리는 매우 독하고 엄해서, 독학으로 공부한 일본어를 일본사람보다 더 잘할 정도다. 불필요한 술자리를 일절 끊고 낭비되는 시간을 빈틈없이 모아 이뤄낸 결과다. 그런 김영순이라는 사람은, 인간의 욕망, 사람의 심리에 대한 이해가 소위 심리학을 전공한 학자들보다 훨씬 더 뛰어나다. 특히 실무적 통찰력의 수준이 매우 높다. "현장의 작업자에게도 돈, 명예, 권력이 필요하다." 이 한마디에 그의 인간관이 집약된다.

영업에 정통한 누군가가 "고객의 고통과 불편을 해소해주는 게 영업이다."라고 말했는데, 그렇다면 김영순 대표는 이미 영업에 정통한 사람임이 틀림없다. 더 나아가 그는 "구성원의 고통과 불편을 해소해주고, 욕망을 이뤄주는 게 경영의 근본이다."라고 말한다. 일하는 사람이 신바람 나고 진심으로 동기가 일어나면 경영은 저절로 된다는 게 그의 지론이다. 캐논코리아와 롯데알미늄, 롯데기공, 일본 산덴에서 그가 이뤄낸 놀라운 성과를 가장 가까이에서 지켜본 나로서는, 늘 감동 그 자체였고 항상 새로운 것을 배우는 학습기회였다.

삼성에 '초격차' 신화를 만든 권오현이라는 걸출한 인물이 있었다면, 롯데에는 '생산방식의 초격차'를 실현한 김영순이 있었다고 감히 말하고 싶다. 그가 생각하는 모든 경영의 과제는 "어떻게 하면 사람들이 좀 더 행복하게, 좀 더 신바람 나게, 자발적으로 일하게 할 것인가?"에 답을 찾는 것이다. 매슬로의 5단계 욕구이론처럼, 우리는 원초적인 욕구가 해결되어도 인간으로서 자존심이 지켜지지 않으면 무엇 하나 제대로 할 수 없는 존재가 아닌가?

김영순 대표는 일찍이 이것을 간파해 현장에 구체적으로 접목하고, 구성원들이 몸으로 느끼게 해주었다. 가령 아침저녁으로 타는 통근버스를 쾌적하게 바꾸었고, 탈의실 옷장을 개선해 자존심으로 지켜주었다. 또 식당과 화장실을 럭셔리하게 바꾸고, 대종상 시상식을 본 따 연말 '스타상 시상식'을 열었다. 구성원이 가장 잘하는 것을 발견하고, 인정하고, 칭찬하기 위한 행사다. 이 모든 인간존중 경영의 백미는, 바로 인간소외의 상징인 컨베이어벨트를 과감하게 뜯어내고 셀생산을 도입한 것이다. 김 대표가 설계하고 구현한 혁신적인 셀생산 시스템에서는 현장의 작업자가 발주와 구매 등을 스스로 의사결정한다. 과감한 권한위임 덕분에 구성원은 자기주도적으로 '힘들지만 즐겁게' 일한다.

놀랍게도 그가 주도한 제조혁명은 '제조강국' 일본에까지 전파되었다. 자존심이 하늘을 찌르는 일본 회사에 가서 획기적인 생산혁명을 이뤄낸 것이다. 일본 산덴리테일시스템은 김 대표의 지도 덕분에 구성원 스스로가 창의적이고 혁신적으로 일하게 되었다. 생산성이 300% 이상 올라갔고, 유연한 셀생산 덕분에 코로나19 때 오히려 더 성장했다. 무엇보다 가장 큰 변화는 구성원들이 즐겁게 혁신을 주도한다는 것이다. 그는 산덴 구성원들이 진심으로 인정하는 '한국에서 온 스승'이 되었다.

2019년 말, 산덴의 아카기 공장에 가서 그가 지도하는 현장을 직접 눈으로 확인한 적이 있다. 50여 명의 간부가 그의 뒤를 따르며 진지하게 경청했다. 또 현장직원들은 그의 조언대로 실천하면 반드시 하나하나 성과로 돌아온다며 즐거워했다. 처음에는 반신반의하던 중간관리자들은 이제 누구보다 열정적인 셀생산 신봉자가 되었다. 산덴 구성원들의 말과 행동을 직접 보며, '인간존중 경영'에는 나라, 민족, 언어가 달라도 아무 문제 없다는 사실을 다시금 깨달았다.

돌아보면 김영순 대표는 시대를 앞질러 너무 일찍 '인간존중 경영'을 시작한 것 같다. 그래서 아직 덜 알려진 것 아닐까? 코로나 팬데믹, 주 52시간 근무, 재택근무와 온라인 업무도구의 일상화, MZ세대 구성원의 증가 등 세상은 김영순 대표의 인간중심 경영을 실천하기에 더 적합해졌다. 오히려 지금이 그의 경영사상을 제대로 실천하고 활용하기에 더 적합한 타이밍이다. 생산현장뿐만 아니라 경영 전반에 김영순표 경영방식을 도입해야 한다. 미국, 일본 할 것 없이 전 세계적으로, 이 시대에 꼭 필요한 철학이자 경영방식이기 때문이다.

이 책을 읽는 독자들이 포스트 코로나 시대의 경영해법을 발견해 저마다 탁월한 성과를 창출하기를 진심으로 기대해본다.

한국인이 일본 기업을 바꾼
기적 같은 이야기

"요즘 많이 힘들지요?"

나의 묻는 말에 "아니요. 힘들지만 재미있습니다."라고 씨익 웃으며 대답했다. 불과 1년 전만 하더라도 자포자기하면서 어쩔 수 없어 회사를 다녔던 이시야마 씨의 대답은 뜻밖이었다. 언제나 창고 한구석에서 불만이 가득한 험상궂은 표정으로 난폭하게 지게차를 몰던 모습을 기억하고 있던 모리 사장은 이시야마 씨가 이렇게 변한 것이 믿을 수 없다며 너무나 놀라워했다. 이시야마 씨는 공장에 셀컴퍼니 시스템이 도입되면서 셀컴퍼니장에 취임(?)하였고 이것은 그가 180도 변하는 계기가 되었다. 지금은 산덴 아카기 공장의 주인공이 되었고 주위를 놀라게 하고 있다.

무엇이 그를 이렇게 변화시켰을까? 독자 여러분께 지금부터 소개하려고 하는 셀컴퍼니 시스템은, 이시야마 씨처럼 말단 직원들에게도 돈과 명예와 권한을 주어 경영 마인드와 책임감을 가지고 일할 수 있도록 하는 시스템이다.

우리는 직장에서 인생의 반 이상을 보낸다. 그런데 집에서는 행복해하는 사람도 회사에만 오면 짜증 나고 지루하고 시간이 안 간다. 집과 회사는 뭐가 다를까? 그것은 자기결정권이 있냐 없냐의 차이라고 생각한다. 집에서는 가장으로서 또 구성원으로서 가구도 사고 차도 사고 가끔 가족들과 맛있는 외식도 한다. 그런데 회사만 오면 정반대가 된다.

하기 싫은 일을 해야 하고, 듣기 싫은 잔소리를 또 듣는다. 겨우 받는 '쥐꼬리'만 한 월급도 나를 만족시켜주지 못한다. 이것은 회사 내에서 특히 하급직원으로 갈수록, 또 가장 힘들게 일하는 현장직원일수록 더 크게 느낀다.

나는 20여 년 전부터 이러한 직장 내의 양극화 현상을 목격하고 그 해결책을 찾고자 고민에 고민을 거듭하여 셀컴퍼니 시스템을 완성했다. 그리고 그것을 지금 일본 2위의 자판기 메이커인 산덴에 접목시키고 있다. 지금 산덴은 셀컴퍼니 도입으로 직원들의 표정이 밝아지고 일하는 분위기가 완전히 달라졌다. 주문도 많이 늘어 밤늦게까지 잔업을 하면서 즐거운 비명을 지르고 있다. 생산과 개발부문부터 변화를 시작했지만 지금은 본사부문, 영업부문, 서비스부문까지 확대하여 70세가 훌쩍 넘는 회사가 그야말로 환골탈태하고 있다.

나는 항상 직원은 고객이며 물(水)이기 때문에 담는 그릇의 형태에 따라서 얼마든지 변화되고 달라질 수 있다고 말해왔다. 그리고 이러한 사상을 접목시켜 완성한 셀컴퍼니 시스템을 '인간존중의 경영시스템'이라고 했다.

흔히들 직원은 가족이라고 말하지만 그것은 틀린 말이다. 가족관계는 사랑이란 기름으로 연결된 끈끈한 집단인데 사랑 없이 겉으로만, 말로만 가족이라고 하면 누가 믿겠는가? 하지만 고객이라는 개념은 다르다.

고객이라면 누구든지 대접받고 대우받을 자격이 있다. 나는 롯데알미늄 대표로 취임할 때 전 직원을 향해 "여러분은 제 고객이십니다. 이제부터 진정한 고객으로 모시겠습니다." 하고 고백했다. 그 후 설립 50년이 넘은 롯데알미늄은 고목나무에 꽃이 피듯 직원들이 변해갔고 회사도 몰라보게 달라졌다. 그 사례가 그룹에도 소개되어 조직문화 대상, GPTW(Great Place To Work) 대상을 받았다.

이 책은 내가 제조강국 일본에 가서 한국형 셀컴퍼니를 실제 적용하고 구현해 성공시킨 이야기를 담았다. 구성원에게

프롤로그 _ 한국인이 일본 기업을 바꾼 기적 같은 이야기

돈, 명예, 권력을 주고 인간존중의 방식으로 조직을 변화시킨 이야기다. 조직에 변화가 필요한가? 스스로 변화하고 싶은가? 내 인생의 주인공이 되고, 더 많은 이익을 실현해서 사회에 기여하고 싶은가? 그런 생각을 가졌다면 이 책이 분명 도움이 될 것이다.

산덴에 온
한국인 스승

01

산덴리테일시스템(이하 산덴) 아카기 공장은 일본 군마현 아카기산 중턱에 자리 잡고 있다. 이 공장은 2002년 산림과 자연을 전혀 훼손하지 않는 자연 친화 공법으로 지어졌는데, '산덴 포레스트'라는 별칭이 있을 정도로 아름답다. '굿 디자인상'도 수상했다.

공장 안에는 '자판기 박물관'도 있는데, 고대 이집트의 초기 자판기부터 현대의 자판기까지 전 세계 자판기의 역사를 공부할 수 있어서 매일 많은 관람객과 견학단이 찾아온다. 특히 유치원생부터 초등학생, 중학생 등 학생들의 인기 견학코스다. 나는 2018년 3월부터 이곳을 오가며 생산방식을 지도하고 있다.

1943년에 설립하여 75년이 넘는 역사를 자랑하는 산덴은 일본 2위의 자동판매기 제조회사다. 2018년 매출이 약 6,000억 원(이 책에서는 독자들의 이해를 돕기 위해 모든 금액을 한화로 표기하겠다) 정도인 중견 업체다. 참고로 산덴 그룹 전체의 매출은 2016년 기준으로 3조 원 정도다. 그 가운데 아카기 공장은 20만 평이 넘는 넓은 공장(도쿄돔의 14배 규모)에서 1,300여 명의 직원들이 각종 자동판매기를 비롯해 쇼케이스 냉장고, 커피머신 등을 만들고 있다. 규모도 크지만, 일본의 품질관리 부문 최고상인 데밍상을 수상할 만큼 실력도 뛰어난 공장이다.

모리 사장과의 첫 만남

그런데 대부분의 제조업체가 그렇듯이, 산덴도 여러 위기를 겪었다. 일본 내 경쟁사와의 단가경쟁도 심화되었고, 중국 등 저임금 국가들의 침투로 경쟁력을 잃어갔다. 과거 공급자 위주에서 수요자 중심으로 빠르게 변화하는 시장의 요구에 발맞추지 못한 점도 문제였다. 예를 들면, 2002년 아카기 공장 완공 당시만 해도 동종 자판기를 1년에 12만 대 이상 생산했는데, 2018년 즈음에는 모든 종류의 자판기를 합쳐도 겨우 3만여 대가 될까 말까 할 정도로 생산량과 매출이 떨어졌다. 게다가 불량률이 높아져 시장 클레임이 빈번해졌고, 그러다 보니 영업은 더더욱 안 되는 악순환에 빠지게 되었다.

산덴은 경쟁력을 높이고 생산성을 부활시키기 위해 도요타 생산방식을 8년이나 지도받기도 했지만, 뚜렷한 성과가 없었다. 경영상황은 계속 악화되었고, 결국 공장 폐쇄까지 거론되는 지경에 이르렀다. 당시 산덴의 영업을 담당했던 모리 마사오 상무(현재 사장)는 팔면 팔수록 적자가 심해지는 아카기 공장을 부활시킬 방법을 절실하게 모색하던 중이었다. 모리 상무는 이렇게 말했다.

"시장이 포화상태에 이르면서 산덴의 대량생산방식을 다품종 소량생산으로 바꾸지 않으면 안 되는 시대가 되었습니다. 40년 전 아이폰도 없을 때의 생산방식을 그대로 유지하고 있는 게 저로서는 이해가 안 되었죠. 생산방식을 어떻게 바꾸어야 하는지에 대해서 매일매일 고민했습니다. 컨베이어 생산은 비용을 낮추기도 어렵고 안정적으로 품질을 관리할 수도 없습니다. 시장에 맞지 않는데, 계속 대량생산을 하다 보니 직원들도 과부하가 걸렸고 모두 힘들어했습니다. 이런 상황에서는 절대로 좋은 제품이 나올 수 없다고 생각했습니다. 실제로도 좋은 제품이 안 나왔고요. 그런 악순환이 몇 년간 계속되었죠."

그러던 중에 2015년 가을, 모리 상무가 산덴의 신제품인 드립커피머신을 한국 시장에 보급하기 위해 당시 내가 사장으로 겸직하고 있던 롯데기공을 찾으면서 처음 인연을 맺게 되었다. 당시 산덴의 해외영업 본부장이던 모리 상무는 처음 만났을 때부터 영업 이야기보다는 내가 롯데기공에서 새롭게 정착시킨 '셀컴퍼니 시스템'에 깊은 관심을 보였고, 셀생산라인에도 상당히 흥미를 보였다.

사실 나는 '자사 신제품을 영업하러 와서는 왜 그렇게 남의 생산현장에 관심을 가지는지'가 좀 의아했다. 그러나 함께 저녁식사를 하면서 그 속사정을 알게 되었다. 당시 모리 상무는 산덴 아카기 공장의 생산성 회복을 위해 전 세계적으로 좋다는 공장들을 셀 수 없이 찾아다니며 회생 방법을 모색 중이었다. 그는 이렇게 말했다.

"저는 해외공장을 방문하면 반드시 생산현장을 보여달라고 요청하곤 합니다. 덕분에 롯데기공의 공장을 견학하게 되었죠. 그때 가장 놀란 것은 회의실만 한 작은 공간에서 생산이 이루어지고 있다는 점이었습니다. 아카기 공장은 20만 평에 달하는 엄청나게 넓은 부지를 갖고 있는데, 롯데기공의 공장은 상당히 컴팩트했죠(산덴의 20분의 1 크기). 또 한 가지는 보일러 라인의 작업자 1명, 1명이 처리하는 공정이 상당히 많다는 것이었습니다. 산덴은 1명당 공수(작업시간)가 3분인데 비해 롯데기공은 15분이나 됐어요.

더욱이 아카기 공장의 침체된 분위기와 달리 롯데기공의 사원들은 활기가 넘쳤죠. 김 사장님과 이야기를 나누다 보니, 지금과 같은 공급과잉의 시대에 '다품종 소량생산'이 가능한 셀 컴퍼니 시스템이야말로 우리 공장에 딱 맞는 방식이라는 확신이 들었습니다."

1910년 미국 디트로이트 하이랜드 파크 공장에서 포드자동차의 T모델이 컨베이어 시스템으로 대량생산되기 시작했다. 그 이후 100년 가까이 모든 제조업 현장에서 컨베이어 생산은 주류로 자리 잡았다. 이후 전 세계에 보급된 컨베이어 시스템은 대량생산 시스템의 대명사가 되었고 덕분에 대량생산이 수월해졌다. 1980년대까지만 해도 공급보다 수요가 많아 만들기만 하면 팔리던 시절이니, 대량으로 빠르게 만들 수 있는 컨베이어 생산이 효과적이었다. 그러나 1990년 이후 공급과잉의 시대에 접어들면서 대량생산에 최적화된 컨베이어 생산은 더 이상 시장상황과 맞지 않게 되었다.

컨베이어 시스템은, 공항에서 짐을 찾을 때 빙빙 돌며 짐을 나르는 설비를 떠올리면 쉽다. 공장에서는 바로 그 컨베이어벨트 위에 여행가방 대신 복사기나 냉장고가 놓인 채 빙빙 돈다. 이 컨베이어벨트에 각각의 작업자가 배치되어 작업을 수행하는데, 이 시스템은 모터의 동력으로 구동된다는 것이 특징이다. 이때 복사기나 냉장고가 모터의 동력에 의해 끌려가고 거기에서 작업해야 하는 '흐름작업'이기 때문에, 작업자 1명에게 1~2분 정도 소요되는 단순하고 간단한 작업만 부여한다.

산덴의 경우에도 2000년대 초반 연간 10~12만 대의 자동판매기를 생산하던 시절에 600m짜리 초대형 컨베이어 시스템을 설치해 주문량을 소화해냈다. 그러나 해가 바뀔수록 주문량은 급격히 줄어들었고, 앞서 말했듯이 2018년에는 3만 대 이하로 생산물량이 줄어들었다. 그 정도로 시장은 이미 포화상태였다. 이렇게 주문량이 4분의 1로 줄었음에도 600m짜리 컨베이어를 그대로 돌릴 수밖에 없었다.

컨베이어의 단점은 극단적으로 말하면 1대를 생산하든 100대를 생산하든 같은 라인에 동일한 수의 작업인원을 투입해야만 생산이 가능하다는 것이다. 그러니 소량생산의 경우 생산을 하면 할수록 적자가 날 수밖에 없는 구조다. 또 컨베이어벨트는 앞서 설명한 것처럼 모터의 힘, 즉 동력에 의해 강제로 끌고 가는 방식이다. 작업자는 흘러가는 복사기나 자판기에 매달려 따라가며 작업해야 한다. 그러니 당장 해야 할 일 외에 다른 생각을 전혀 할 수가 없는 구조적인 문제가 있다(찰리 채플린의 영화 '모던 타임스'의 장면을 떠올려보라).

물론 초기 컨베이어 생산 시절에는 죄수나 노예들을 데려다가 일을 시켰기 때문에 일부러라도 다른 생각을 못 하게 하고 철저하게 매뉴얼대로 하는 기계적인 노동을 강요해왔던 것이 사실이다. 그렇게 시작한 컨베이어벨트 방식의 대량생산 시스템은 철저한 분업으로 운영되며, 이 분업화에 의해 작업자들은 기계 취급을 당하고, 제조업만의 창조적이고 창의적인 보람이나 기쁨을 느낄 수 없었다. 인간이 동물과 다른 점은 '지혜'를 가졌다는 것이다. 그런데 인간 고유의 특징인 '지혜'를 활용하지 못하고, 기계의 힘에 의해 강제로 끌려가면서 작업하는 것은 너무나 비인간적인 방식이 아닌가?

모리 상무는 한국의 롯데기공에서 자동판매기를 셀생산방식으로 만드는 걸 목격하고는 '이게 가능하구나!' 하는 깨달음을 얻었다고 말했다. 게다가 셀생산보다 한 발 더 나아간, 공장 조직 중 가장 진화된 형태인 '셀컴퍼니 시스템'으로 제품을 만든다는 것에 '내가 그동안 백방으로 찾아다니던 것이 바로 이거다!' 하는 확신이 들었다고 한다.

아카기 공장에서 강연을 해달라고?

저녁식사 자리를 마치면서 모리 상무는 나에게 아카기 공장을 방문해서 셀생산과 셀컴퍼니 시스템에 대한 강연을 해달라고 부탁했다. 나는 산덴의 공장과 연구소를 견학시켜주면 응하겠노라고 농담하면서 흔쾌히 수락했다. 사실 나는 롯데기공의 생산방식에 관심을 가져주는 모리 상무가 고맙기도 했지만, 이 만남을 통해 산덴과 롯데기공의 관계가 좀 더 돈독해지기를 내심 기대하고 있었다.

나는 사장으로 취임하면서 롯데기공에서 생산하는 자판기의 원천기술이 1991년 산덴과의 기술제휴를 통하여 도입된 것임을 알게 되었다. 그런데 산덴과의 관계가 차츰 소원해지고 교류나 왕래가 뜸해지다 보니, 롯데기공 연구소는 자판기 신제품에 대한 정보나 교류에 목마른 상태였다. 어쩌다 우리 직원들이 산덴을 방문해도 '소 닭 보듯이' 사무적인 대응만 한다며 아쉬워했다. 그런 와중에 모리 상무가 우리 공장을 찾아왔고, 마침 셀컴퍼니 시스템에 관심을 보이며 열의에 찬 대화를 나누었기에 이를 계기로 두 회사 간의 관계가 회복될 수도 있겠다고 생각해 좀 더 진지하게 설명했다.

그다음 해인 2016년 4월, 나는 아카기 공장에서 강연을 했다. 강연 제목은 '발상의 전환을 통한 핑계 없는 제품 만들기'였고, 당시 사장이던 야마모토 씨를 비롯해 300여 명이 넘는 임직원이 참석했다. 2시간가량 진행된 강연은 통역 없이 일본어로 진행했고, 열띤 질의응답 시간이 이어졌다. 물론 산덴에서는 처음 한 강연이었지만, 이미 그 전에 나는 일본을 비롯한 여러 해외 기업에서 셀컴퍼니를 주제로 10번 가까이 강연을 했었다.

여담이지만, 나는 독학으로 일본어를 배웠다. 롯데기공으로 옮겨가기 전에 근무했던 캐논코리아 시절에 공부를 해두었다. 캐논코리아는 1985년 일본 캐논과 50:50으로 만든 합작회사였다. 나는 일본어의 히라가나, 가타카나를 1자도 모르는 상태였는데, 그러다 보니 합작 초기에 일본 기술자들과 언어소통이 안 되어 애를 많이 먹었다.

당시 정부에서는 우리나라의 부품산업을 육성하기 위해 '국산화율'이라는 것을 강제로 적용했는데, 이 국산화율을 달성하지 못하면 생산을 할 수가 없었다. 따라서 한국 실정을 전혀 모르는 일본 기술자들에게 설명을 잘 해주어야 국산부품을 사용할 수 있는데, 말이 안 통하니 업무가 진척될 리 만무했다. 몇 번인가 일본어 때문에 회사를 그만두어야 하나 고민하다가 결국 일본어를 배우기로 결심했다. 그리고 이왕 공부할 거면 원어민처럼 해야겠다는 생각에 일본어 교본과 카세트테이프를 달달 외웠다.

그때만 해도 내가 열심히 독학한 일본어로 일본 회사들을 다니면서 제조방법에 대한 혁신강의를 하리라고는 상상도 못 했다. 아마 모리 상무도 셀컴퍼니 시스템이 아무리 좋았다 하더라도 내가 일본어를 못 했거나 통역을 거쳐서 들어야 했다면 강연 요청을 하지 않았을 것이다. 공부할 때는 너무너무 힘들었지만, 결국 그때 익혀둔 일본어 덕분에 셀생산방식에 대한 힌트도 얻었고, 일본에서 강연도 했고, 지금까지 일본 업체를 가르치게 되었다.

아카기 공장에서의 강연이 끝난 후 산덴과 롯데기공의 관계가 급격히 돈독해졌음은 물론이다. 강연 후 외부인에게는 절대 공개한 적이 없다는 산덴의 미래먹거리 연구소도 견학할 수 있었다. 그들로서는 나름 극진한 대접을 해준 셈이다. 산덴을 방문한 롯데기공 직원들 역시 눈이 휘둥그레질 정도로 놀랐다. 산덴 직원들의 대응이 달라졌다는 것이다. 연구소 견학은 물론이고 원하는 자료도 적극적으로 제공해주고 질문이나 요청에도 바로 답이 온다면서 직원들도 좋아했다.

한국에서 온 노하우를 어떻게 믿지?

내가 아카기 공장에서 강연을 한 이후, 모리 상무는 더욱더 셀생산에 확신을 가졌다. 그래서 셀컴퍼니를 어떻게 산덴에 적용시킬지 본격적으로 고민하기 시작했다. 당시 모리 상무는 해외영업 담당 임원이었기 때문에 공장의 생산방식에 대해 이래라저래라할 위치는 아니었다. 그럴 수 있는 권한도 없었다.

그러나 결심을 굳힌 그는 산덴 그룹 회장을 찾아가서 어떻게든 반드시 공장을 되살려놓을 테니 자신을 부사장으로 임명해서 공장을 혁신할 수 있게 해달라며 담판을 지었고, 2016년 7월 부사장에 취임했다. 그리고 바로 공장 개혁에 착수했다.

가장 먼저 모리 부사장은 컨베이어 생산을 포기하기로 결정했다. 컨베이어 방식으로는 경쟁력이 전혀 없다는 생각이 확고했기 때문이다. 그러자 공장장과 간부들을 비롯해 40여 년간 컨베이어 방식에 익숙했던 직원들이 전부 들고 일어났다. 저항이 대단했던 것이다.

당시 아카기 공장 직원들은 어려운 여건에서도 2017년 말까지 8년 동안이나 도요타 전문가를 초빙해 특별지도를 받아가면서 나름대로 열심히 배우고 있었다. 그런데 공장을 전혀 모르는 사람이 갑자기 나타나서(모리 부사장은 해외영업 담당 임원이 되기 전에는 인사본부장을 역임했다) 느닷없이 컨베이어를 뜯어내겠다고 하니 여기저기서 반발이 극심하게 일어난 것이다. 더군다나 이들이 만드는 것은 소형기기도 아니고 자동판매기다. 1대의 무게가 500kg이 넘고 높이도 사람 키보다 더 크다. 그렇게 커다란 것을 컨베이어가 아닌 듣도 보도 못한 다른 방식으로 생산하겠다고 하니 기가 막힐 노릇이었다.

구성원들의 반발도 일리가 있었다. 1990년대 말에서 2000년대 초반까지 일본에서 막 꽃을 피우기 시작한 셀생산방식은 진공청소기나 플레이스테이션 게임기, 소형 프린터처럼 작은 제품들에 적합한 생산방식으로 알려지고 인식되었기 때문이다. 셀생산으로 성공한 회사들, 예를 들어 일본의 캐논이나 소니, 마쓰시타 등도 처음에는 소형 제품들부터 셀생산을 시작했다.

그러다 보니 캐논코리아의 복사기나 산덴의 자동판매기처럼 크고 무거운 제품을 만드는 회사에서 컨베이어를 대체할 시스템으로 셀생산을 도입한다는 것은 감히 엄두를 내지 못했다. 컨베이어 생산에서 모터가 끌어주던 400~500kg짜리 자동판매기나 쇼케이스 냉장고를 셀생산에서는 사람이 이동시켜야 한다고 상상해보라. 말도 안 된다고 생각한 것이 어쩌면 당연했다.

아카기 공장의 관리자들과 직원들은 컨베이어 철거를 강하게 반대했다. 특히 컨베이어벨트 생산이 가장 효율적이라는 고정관념에 사로잡힌 일부 간부들은 한 번도 경험하지 못한 셀생산 도입을 더욱 맹렬히 반대했다. 관리도 힘들 뿐만 아니라 생산량과 품질에서도 신뢰성을 보장할 수 없다고 생각한 것이다.

나도 캐논코리아에서 1998년에 컨베이어를 철거하고 셀생산을 시작할 때 그랬다. 윗사람부터 아랫사람까지 모두의 반대에 부딪혔던 기억이 생생하다. 당시 안산 공장에서 극심하게 반대하던 사람들은, 셀생산은 생산성이 낮아 납기나 품질을 맞출 수 없다고 주장했다. 만약 성공하면 손에 장을 지지겠다는 둥 반대여론을 만드는 데 열심이었다.

모리 부사장의 심경과 아카기 공장 관계자들의 황당함은 충분히 짐작되었다. 게다가 그 새로운 셀생산과 셀컴퍼니라는 것이 일본의 어느 굴지의 대기업에서 성공한 것을 들여오는 것이 아니라 평소 자기들보다 한 수 아래라고 생각하던 한국의 어느 기업에서 만들어진 것이라는 것도 마땅치 않았을 것이다. 게다가 달랑 강연 한 번 듣고 컨베이어를 뜯어내겠다니, 기가 찰 노릇이었을 것이다. 하지만 모리 부사장의 생각은 확고했다.

"당장 컨베이어 뜯어내고
공장장 바꿔라."

02

모리 상무는 부사장으로 취임하자마자 5명의 견학단을 롯데기공에 보냈다. 견학단은 하루 종일 우리 직원의 설명을 들어가면서 자판기 라인과 보일러 라인을 견학했고, 마지막 시간에는 나도 참석하여 질의응답 시간을 가졌다. 아카기 공장의 부장급 2명을 포함한 견학단 일행은 귀국 후 셀생산의 가능성에 대한 긍정적인 보고를 했고, 그 후 그들은 셀생산라인을 구축하는 일에 선봉 역할을 했다.

견학단의 긍정적인 보고를 받은 모리 부사장은 컨베이어 철거에 대한 결심을 더욱 굳혔다. 하지만 직원들의 저항은 여전했다. 이 저항을 잠재우기 위해서는 아주 강력한 톱다운 방식의 추진이 필요하다고 그는 생각했다. 일단 제조부의 과장급 이상을 모두 모아놓고 "이제부터 셀생산 시스템을 도입하겠다."고 선언했고, "만약 이것에 저항하거나 반대하는 사람은 철저히 부숴버리겠다."라며 전쟁을 선포했다.

그리고 맨 먼저 (일종의 쇼크요법을 겸하여) 그동안 계속 반대만 하던 공장장을 전격적으로 교체했다. 자동판매기 생산에 대한 경험도 풍부하고 공장 관리능력이나 긴베이이 생산능력도 좋았으나, 기존 방식에 너무 젖어 있어 새로운 것을 받아들이거나 변화하려고 하지 않았기 때문이다. 대신 그 자리에는 아카기 전자 공장장으로 있으면서 롯데기공 라인을 견학하러 왔던 쿠보타 부장을 앉혔다. 쿠보타 공장장은 그동안 컨베이어와는 전혀 관계가 없던 일을 담당해왔던 사람이다.

그다음 생산본부장에는 연구소 개발부장 출신으로 영업부서에서 일하고 있던 카네코 씨를 임명했다. 개발본부장엔 13년간 해외 주재원으로 나가 있던 야마모토 씨를, 품질본부장엔 원래 개발부장이던 쿠리하라 씨를 배치해서 자기가 설계했던 제품의 품질을 스스로 보증하도록 했다. 그동안 전혀 경험해보지 않았던 셀생산이나 셀컴퍼니라는 새로운 도전을 해야 하는 상황이다. 그러기 위해서는 기존의 컨베이어 관련 업무에 물들지 않은 사람, 선입견이나 고정관념에 사로잡히지 않은 사람들을 공장장이나 본부장으로 임명해야 했다.

이처럼 대담한 조직혁신에는 특단의 포석이 필요했고, 이는 모리 부사장만 할 수 있는 일이었다. 나중에 어떻게 그렇게 과감한 결단을 할 수 있었냐고 묻자 그는 내가 한국에서 이미 성공했고 또 안 되면 도와주리라 믿고 저질렀다고 얘기했다. 그 이야기를 듣고 나는 그의 배포에 또 한 번 감탄했다. 모리 사장은 그 당시의 심경을 이렇게 전했다.

"처음에는 셀생산라인의 프로토타입을 만들어서 컨베이어 생산과 병행해서 진행했습니다. 프로토타입의 셀생산라인에서 제품이 진짜 생산될까 하는 두려움도 있었지만, 일단 제품이 나왔기 때문에 불가능한 것은 아니라고 생각했죠. 하지만 프로토타입만으로는 별로 진전이 없었기 때문에 아예 컨베이어를 철거하라는 지시를 내렸습니다. 셀생산방식이 성공할지 못 할지 불안했지만, 어찌 되었든 컨베이어로 안 된다는 확신은 있었습니다. 선택의 여지가 없었죠. 컨베이어가 남아 있으면 컨베이어에 의지하고 싶은 마음에서 벗어나지 못하니까요. 컨베이어를 버려야만 개혁이 가능하다고 생각했습니다."

"100점 만점에 5점이라니, 그게 말이 됩니까?"

드디어 600m가 넘는 거대한 컨베이어를 뜯어내라는 최종 지시가 떨어졌다. 그러자 공장 직원들은 더욱 불안에 휩싸였고, 심지어 미래가 안 보인다며 우는 직원도 있었다고 한다. 특히 2002년 당시 컨베이어를 설계하고 설치, 운영했던 생산기술과 직원들은 눈앞이 캄캄해졌다. 그동안 밤낮으로 애지중지하며 보살펴왔던 컨베이어가 철거되면, 앞으로 생산은 어떻게 해야 하나 하는 걱정이 엄습했고, 한 번도 경험해보지 못한 셀

라인에 대한 막연한 두려움도 깊어갔다. 어떤 직원은 아쉬운 나머지 뜯어낸 컨베이어에서 볼트 2개를 기념품으로 집에 가져갔다고 한다. 직원들은 그 정도로 애착이 컸다. 그 아쉬움만큼 두려움도 컸을 것이다.

그렇게 자동판매기 라인의 컨베이어를 뜯어내고 나서 공장의 일부 레이아웃을 셀생산방식으로 변경한 후 내게 연락을 했다. 언제 일본에 오면 한번 들러서 아카기 공장의 변화를 좀 봐달라는 것이었다. 그 후 일본에 갈 기회가 있어 나는 겸사겸사 아카기 공장을 방문했다. 셀생산을 막 시작한 공장을 한 바퀴 둘러보고 난 뒤 관계자들과 회의실에 모였다.

공장장이 모리 부사장과 관계자들이 모두 있는 자리에서 자기네들이 고민을 거듭해서 만든 셀생산라인이 몇 점이나 되는지 물었다. 나는 곤란해하며 "그걸 꼭 점수로 얘기해야 하나요?"하며 머뭇거렸다. 그랬더니 자기들이 애써 만든 라인에서 생산성도 조금 좋아졌는데, 몇 점이나 되냐며 재차 물었다. 그래서 나는 이렇게 대답했다.

"지금 이 정도면 아주 후하게 쳐서 5점 정도 줄 수 있습니다."

그러자 그들이 "10점 만점에 5점입니까?" 하고 되묻기에 나는 이렇게 대답했다.

"100점 만점에 5점입니다."

그랬더니 상당히 놀라고 당황하면서 이렇게 말했다.

"그래도 우리가 명색이 제조강국 일본의 제조기업인데, 아무리 엉터리로 만들었어도 100점 만점에 5점이 말이 됩니까?"

도저히 믿을 수 없다는 표정들을 지었다.

그때 나에게 따져 묻던 사람들이 요즘 만나면 이렇게 말한다.

"그때 말씀하셨던 '후하게 쳐서 5점'이라는 말의 의미를 잘 알겠습니다."

지금 생각해보면 마이너스 점수인데 자기들이 고생한 것을 안타깝게 생각해서 5점이나 준 것 같다고 하면서 말이다. 당시 산덴 구성원들은 컨베이어를 뜯어내기만 하면 '셀생산'이 되는 것으로 알았다고 한다. 사실 컨베이어 철거는 셀생산의 시작일 뿐이다. 그리고 산덴 구성원들은 이제 그 의미를 이해하기 시작했다.

당시 산덴은 컨베이어 철거 후 어느 정도 셀생산이 가능했지만, 생산성이나 품질은 별로 개선되지 않는 상황이 지속되었다. 생산방식은 셀로 바뀌었지만, 제반 관리방식은 여전히 컨베이어 시절에 머물러 있었기 때문이다. 생산방식을 몸이라고 하고, 관리방식을 머리라고 치면 그야말로 몸과 머리가 따로 노는 상황이었다.

그러다 보니 생산성은 떨어졌고, 컨베이어로 다시 돌아가자며 반발하는 사람도 많아졌다. 모리 부사장은 이러지도 저러지도 못하면서 고민만 점점 깊어졌다. 그즈음 나는 5년간의 대표이사직을 마무리하고 고문직을 수행하게 되었고, 그 해 모리 부사장은 사장으로 취임했다. 모리 사장은 당시를 이렇게 회상했다.

"그때 마침 한국지사에서 김 사장님이 퇴임하신다는 연락을 받았습니다. 신이 저를 돕는다고 생각했어요. 곧장 사람을 보내서 우리 공장부터 지도해달라는 부탁을 드렸습니다."

제조강국 일본 기업에 한국형 셀컴퍼니를 심다

나는 언젠가 대표이사에서 퇴임하면 '셀컴퍼니 시스템을 국내외에 소개하고 보급하는 일을 하고 싶다'고 막연하게 생각해왔다. 셀컴퍼니 시스템은 온갖 반대에 부딪혀가며 20년 이상 고민에 고민을 거듭해서 만든 내 혼과 열정의 결정판이다. 나는 이 시스템을 이론적·실제적으로 구체화시켜서 매일매일 마음고생 하는 우리 제조업계 종사자들과 경영자들에게 미력이나마 도움을 주고 싶다는 생각이었다.

그런데 퇴임 후 보름 만에 산덴에서 사람이 찾아왔다. 그동안 산덴에서 벌어진 어려운 상황들을 전해 들으며 내심 걱정하던 차였다. 하지만 막상 가르쳐달라고 찾아오니 여러 가지로 망설여졌다. 하지만 우리 공장을 견학한 후 내 얘기를 듣고 나서 저질러진(?) 일이고, 모리 사장의 열정과 진정성, 고민을 모른 척할 수 없었기에 일단 가겠다고 승낙을 했다.

처음에는 3개월 정도, 길어도 6개월이면 끝날 것이라고 생각했다. 이렇게 5년을 넘긴 현재까지 산덴의 구성원들이 열심히 배우고 발전시켜나갈 것이라고는 상상도 못 했다. 그도 그럴 것이 처음에는 모리 사장이 간청하니까 가서 좀 해보고 서로 맞으면 계속 지도할 수 있겠지만, 산덴의 다른 구성원들이 그렇게 쉽게 협조할 리 없을 것이라는 마음도 컸다.

흔히 말하는 한일 간의 해묵은 감정을 차치하고, 그동안 한국은 제조에 관한 한 뭐든지 일본에서 배워 오기 바빴다. 아니면 일본 기업에서 은퇴한 전문가들이 고액의 컨설팅비를 받고 한국에 와서 가르침을 주는 것이 일반적이었다. 그런 상황을 양국이 뻔히 아는데, 한국 사람이 일본에 가서 '이거는 되고 저거는 안 되고' 운운하며 때로 언성까지 높인다면, 일본인 직원들의 반응이 어떨까? 안 봐도 뻔하다.

하지만 한편으로는 세계 최초로 만들어낸 셀컴퍼니를 제조에 강한 일본 기업에도 적용해보고 싶은 마음이 있었다. 내가 만든 셀컴퍼니가 정말 좋다면 당연히 일본에서도 통해야 할 테고, 또 일본인 직원들도 행복하게 해줄 테니 말이다.

그리고 또 한 가지 산덴에 가야겠다고 결심한 이유가 있다. 20년 이상 제조현장의 문제점을 경험하고 그 문제들을 해결하고자 애써 만든 결과물이 셀컴퍼니 시스템이다. 그런데 이것이 한국산(?)이라는 점 때문에 홀대받는 상황이 몹시 아쉬웠다. 대개 우리나라 사람들은 한국에서 뭔가를 만들었다고 하면 일단 낮춰 보거나 하찮게 여기는 경향이 있다. '그래 봐야 뭐가 대단하겠어?' 하고 의심부터 한다. 반대로 일본 사람이나 미국 사람이 만든 것에는 엄청나게 호기심을 갖고 '그거 뭐야?' 하고 배우려는 의욕을 보인다.

캐논코리아 본부장 시절에도 그런 경험을 적잖이 했다. 내가 셀컴퍼니를 세상에 선포하고 나서 캐논코리아 안산 공장에 많은 사람이 견학을 왔다. 캐논코리아 안산 공장의 저력을 먼저 알아본 사람들은 세계적인 기업의 리더들이었다. 예를 들어 삼성전자 이재용 사장은 공장장, 사장단 그룹을 이끌고 무려 3번이나 찾아왔고, LG그룹 구본무 회장 역시 LG전자 창원공장의 혁신 해법을 찾고자 했다. 김종훈 한미글로벌 회장과 롯데그룹 사장단도 견학을 왔다. 서강대 모 교수는 "〈하버드 비즈니스 리뷰〉에 소개해야 할 기업 사례"라고 극찬하기도 했다. 당시 취재를 위해 기자들도 많이 찾아왔는데, 그중 많은 이들이 먼저 이렇게 물었다.

"본부장님, 이거 어디서 배워오셨습니까? 일본 캐논에서 배우신 겁니까? 아니면 도요타에서 배우신 겁니까?"

그런 질문에 나는 꿋꿋이 대답했다.

"제가 혼자 고민하면서 직접 만든 것입니다."

이런 대답을 들으면 사람들은 전혀 뜻밖이라는 표정을 지었고, 기자들은 "아, 그러면 독자들이 읽어주질 않는데요. 독자들은 앞에다가 '도요타'라고 딱 써야 관심을 갖거든요. 타이틀 앞에 '도요타'라고 붙여도 되겠습니까?" 했다.

셀컴퍼니는 도요타와 아무 상관이 없는데도 독자들을 유인하려면 "도요타도 배우고 간", "도요타를 능가하는", "도요타 방식과 비슷한" 같은 수식어를 붙여야 한다는 것이었다. 그들 나름의 고민도 있겠지만, 나는 언젠가 그런 생각을 꼭 깨주고 싶었다.

그런데 그런 선입견을 깨려면 뭔가 다른 접근이 필요했다. 내가 아무리 셀컴퍼니가 얼마나 훌륭한지, 도요타 방식과 어떻게 다른지 이야기해봐야 "그것은 당신 얘기고" 하며 일축해버리니까 말이다. 만약 일본에 가서 성공하면 한국 사람들의 이러한 인식도 좀 달라지지 않을까? 나는 약간의 모험심도 들었다. 게다가 일본 사람들을 지도하는 데 있어서 언어의 문제가 없었고, 제대로 된 셀컴퍼니를 한번 구축해보고 싶다는 포부도 있었기 때문에 겸사겸사 일본에 가게 되었다. 덧붙여 최종적으로 결심을 굳히게 만든 것은, 무엇보다도 내가 요구한 3가지를 모리 사장이 약속해주었기 때문이다. 그 3가지는 다음과 같다.

첫째, 앞으로 진행할 나의 혁신지도회를 모리 사장도 최우선 일정으로 여기고, 어떤 일이 있더라도 반드시 참석한다.

둘째, 혁신지도회의 지도내용을 철저히 이행해 일본 최초의 셀컴퍼니를 반드시 성공시킨다.

셋째, 셀컴퍼니가 성공하고 정착하면, 셀컴퍼니를 보급하는 일에 앞장선다.

이러한 약속을 믿고 나는 일본 산덴에 셀컴퍼니를 반드시 성공시키겠다는 결심을 했다. 물론 한국 회사도 아니고 일본 회사에서 혼자 가르친다는 것이 쉽지 않을 것이라는 예상은 했다. 당연히 불안한 마음도 컸다. 하지만 모리 사장의 약속을 믿고, 나만 열심히 하면 된다고 다짐하며 일본으로 향했다.

조직도는 3개월마다 바꿔라

2018년 3월 21일, 어느덧 첫 번째 지도회 날이 되었다. 걱정 반 호기심 반으로 하네다 공항에서 내려 다시 신칸센을 타고 2시간 가까이 걸려 아카기산 밑에 도착했다. 그런데 하필 그날 눈이 많이 내린 탓에 산 중턱에 있는 아카기 공장까지 올라가지 못했다. 그래서 일단 시내의 한 회의실에서 쿠보타 공장장을 비롯해 3명의 본부장과 몇몇 부장들을 만나 상견례를 하게 되었다. 가벼운 분위기에서 각자 자기소개를 한 뒤 산덴 아카기 공장에 대한 브리핑을 들었다. 쿠보타 공장장이 먼저 아카기 공장 조직에 대해 설명했다.

첫 미팅이니 예의상 짧게 조직도를 소개하고 다음 설명으로 넘어가려는 순간, 나는 "잠깐만요!" 하며 아카기 공장 조직과 업무분장에 대해 여러 궁금한 점들을 질문했다. 그리고 그 답을 들으면서 평소 내가 가지고 있는 조직에 대한 생각을 이야기했고, 어쩌다 보니 그 자리에서 장장 2시간에 걸친 강연 아닌 강연을 하게 되었다.

청신호 조직 vs. 적신호 조직

'조직도'는 누군가가 아무도 모르게 만들어놓은 '불가침 성역'이 아니다. 나는 직원으로 시작해 경영자로 일해온 수십 년간 내내 이런 생각을 했다. 조직도야말로 조직의 틀이자 직원을 담는 그릇이고 일의 결과를 좌우하는 가장 중요한 시스템이라고 말이다.

그래서 "직원은 고객이고 물이다."가 내가 가장 자주 하는 말이다. 직원은 '고객님'이기 때문에 존중해야 하고, 물과 같은 성질을 가지고 있어서 어떤 모양의 그릇에 담기느냐에 따라 생각, 태도, 행동 등 모든 게 달라진다.

직원을 담는 그릇이 바로 조직이다. 직원들의 능력은 그들 스스로가 생각하는 것보다 훨씬 대단하다. 다만 컨베이어에 매달려 작업하거나 손발을 묶어놓으면 그 능력을 발휘할 수가 없다. 때문에 조직이나 시스템이 잘못돼 직원들이 잘못된 그릇에 담기면 제 역할도 못 하고, 능력도 발휘하지 못하는 것이다.

그런데 대부분의 회사는 그릇이 잘못됐다는 생각은 못 하고 직원들을 탓한다. 직원들이 일을 안 한다고, 게으르다고, 열정이 없다고 말이다. 하지만 내 생각에 '오늘 회사 가서 진짜 제대로 사고 한번 치고 와야지!' 하며 출근하는 직원은 없다. 대부분 '오늘도 열심히 해야지' 다짐하며 출근하지만, 막상 가보면 열심히 할 수 없는 상황에 놓인다. 부품에 문제가 생기거나 라인이 중단되거나 작업이 지체되거나 등등 예기치 못한 일들이 벌어진다. 이것들이 바로바로 해결되지 않으면 조직도에 빨간 신호등이 켜진 것이라고 볼 수 있다.

이게 무슨 말이냐면, 직원이 열심히 일하면서 "나는 이 조직에서 일하는 게 좋아. 내가 얘기하면 다 들어줘. 벽이 없어. 나는 이 회사에서 일하는 게 정말 재밌어." 한다면, 그건 청신호가 켜진 조직이다. 그런데 "오늘도 문제가 생길 텐데…. 이거 갖고 가면 또 면박만 주고, 의견 얘기해도 무시하겠지?" 이러면 적신호 조직이다.

"내가 뭐든지 얘기만 하면 다 들어줄 거야." 하는 조직과 "이건 뭐, 어제 해결 안 된 문제가 오늘도 해결될 것 같지 않은데, 누구한테 얘기하지? 얘기해봐야 들어는 주려나?" 하는 조직은 일의 성과가 천양지차다. 때문에 직원이 조직도를 보고 신뢰를 가질 수 있도록 조직과 업무분장을 바꾸어야 한다. "우리 회사 조직도는 다 파란불이네. 저기 약간 노란불도 있는데, 저건 아마 본부장님이 파랗게 만들어주실 거야." 하는 직원들의 신뢰가 필요하다.

업무분장은 축구경기 포메이션처럼

그래서 조직도와 업무분장이 중요하다. 파란불 조직은 조직도만 봐도 직원들이 안심하고 일할 수 있다. 또한 업무분장이 정확하면 불필요한 오해나 혼선이 없다. 조직도를 보면 그 안에서 자신이 무엇을 해야 하는지 알 수 있어야 한다. '어디서부터 어디까지가 내 일인지, 일하다 문제가 생기면 내가 직접 해결해야 하는지 아니면 옆 사람에게 처리를 맞겨야 하는지' 등을 말이다.

그런데 대부분의 회사는 조직도를 그렇게 중요하게 생각하지 않고, 제대로 정비해두지 않는다. 그러면 조직도는 조직도대로 일은 일대로 따로따로 굴러간다. 때문에 직원들이 제대로 일할 수 있는 조직을 만들기 위해서는 상황에 맞추어 시시때때로 조직도를 튜닝해야 한다. 조직도의 중요성을 간과하면 실제 직원들의 업무에 애로사항이 많이 생길 수밖에 없다. 지도회 이후 산덴은 조직도의 중요성을 깨닫고 지금까지 4~5차례 튜닝해가며 가장 실용적인 조직, 가장 돈을 잘 벌 수 있는 조직으로 혁신하고 있다.

내가 조직도와 업무분장에 관심을 가지기 시작한 것은 1988년 캐논코리아 기술과장이 되면서부터다. 당시 기술과의 업무는 공장 전체를 커버해야 할 만큼 많았는데, 인원은 고작 6명뿐이었다. 결국 어떻게 업무를 나누어야 적은 인원이 효율적으로 해나갈 수 있는지 고민할 수밖에 없었고, 그 고민은 대표이사를 마지막으로 퇴임할 때까지 지속되었다. 이제부터 설명하게 될 셀컴퍼니 시스템은 결국 효율적인 조직운영과 업무분장에 대해 30년 넘게 연구하고 고민하며 어렵사리 얻어낸 결과물인 셈이다.

예를 들어, 축구 중계를 보다 보면 해설자가 4·2·3·1 또는 4·4·2 포메이션이라는 용어를 사용해 설명한다. 골키퍼를 제외한 10명의 선수 각자에게 어떠한 역할을 줄 것인지, 즉 업무분장을 어떻게 하면 경기에서 이길 수 있는지는 경기마다 달라진다. 상대 팀을 면밀히 분석하고 종합적으로 판단해 우리 팀 선수들에게 임무를 부여하는 것이다. 이것이 바로 내가 생각하는 조직도와 업무분장의 간단한 원리다.

그런데 대개의 기업들이 조직도를 자주 바꾸지 않는다. 산덴도 마찬가지였다. 회사 설립 당시의 조직도와 업무분장을 그대로 방치하고 있었다. 매년 사업계획이 바뀌고, 사업내용이 추가되고, 시장상황이 바뀌는데도 말이다. 이것은 축구팀이 항상 같은 포메이션으로만 경기를 하는 것과 같다. 상대가 바뀌면, 고객과 시장이 바뀌면 그때마다 치밀하게 대응계획과 대응조직을 준비해야 한다. 그런데 조직도와 업무분장을 그대로 놔둔 채 간부나 부서장만 조금 교체하는 수준인 경우가 많다. 시간을 허비하는 것이다. 축구 경기도 90분 내내 같은 선수가 계속 뛰지 않는다. 감독은 한시도 눈을 떼지 않고 선수들의 움직임을 지켜본다. 그리고 그때그때 시기적절하게 선수를 교체한다. 단 90분간의 시합이지만 감독과 선수들은 모든 순간에 사활을 건다. 반면 우리 기업들은 어떻게 대응하는가?

팀과 팀 사이에도 쪽문과 다리가 필요하다

또 하나 다른 문제가 있다. 회사나 공장에서 간과하는 것 중 하나가, 바로 조직과 조직 간에 엄청난 장벽이 존재한다는 사실이다. 간접조직과 직접조직 간에도 그렇지만 간접조직과 간접조직, 직접조직과 직접조직, 공장과 본사 사이에 베를린 장벽보다 높은 벽이 존재한다. 사장이나 임원조차도 넘기 어려운 장벽이다 보니 일반 간부나 직원들 역시 아예 넘기를 포기해버린다. 그러다 문제가 불거지면 야단 한 번 맞을 각오로 지낸다.

베를린 장벽은 높았어도 눈에 보였기에 허물 수 있었다. 하지만 조직의 생리상 태생적으로 생겨나는 이 눈에 보이지 않는 높은 장벽을 없애는 것은 쉬운 일이 아니다. 그래서 직원들이나 간부들이 문제해결을 위해 가벼운 마음으로 넘나들 수 있는 작은 쪽문이나 가교를 만들어줄 필요가 있다. 이것이 조직도를 작성할 때 유의할 점이다.

모든 공장들이 제안제도를 활성화하려고 여러 가지 방법으로 독려도 하고 당근과 채찍을 내놓고 있다. 하지만 성과가 부진하거나 활성화가 잘 안 되는 이유가 무엇일까? 내부를 들여다보면 조직도와 업무분장에 원인이 있다. 생산현장에서 어렵사리 제안이 나왔다고 가정해보자. 그것이 탁월한 내용은 아니더라도 제안한 당사자는 자기 제안을 회사가 소중하게 여기고 신속하게 검토해주길 바란다. 채택이 되든 안 되든 가부간에 결과가 궁금하다. 그러나 아무리 기다려도 회신은 오지 않고, 그것이 두세 번 반복되면 그다음부터는 아예 제안이라는 단어를 머릿속에서 지워버린다.

사소한 아이디어라도 일을 더 잘해보기 위해 제안한 당사자는 이처럼 큰 기대를 하게 마련이다. 하지만 그것을 검토해야하는 기술부서나 개발부서는 과중한 본업에 치이고 시달리느라 그런 하찮은(?) 제안 따위에는 신경 쓸 겨를이 없는 게 사실이다. 왜 이렇게 검토가 늦냐고, 아직도 안 했느냐고 야단을 맞고 나서야 허겁지겁 날림으로 제안사항을 검토하니, 어느 공장이나 제안제도가 활성화되기 어려운 게 현실이다. 이럴 때 직원들의 제안이 꼭 활성화되어야 하고 중요하다고 판단한다면, 단 1명이라도 검토를 전담할 인력을 배치해야 한다. 이것이 바로 내가 말하는 작은 쪽문 혹은 가교의 개념이다.

상견례 자리에서 이런 내용을 설명하며 강연 아닌 강연을 하게 되었다. 쿠보타 공장장과 본부장들은 굉장히 놀란 듯했다. 그 이후에도 가끔 웃으면서 그때를 떠올리며 이야기하는 것을 보면, 그들에게 상당히 '충격'이었던 것 같다. 결국 준비했던 공장 소개는 전혀 하지 못하고, 조직도 첫 페이지를 펴놓은 채로 첫 번째 미팅이 끝나버렸다.

그런데 미팅이 끝나고 나서 쿠보타 공장장이 개인적으로 나에게 부탁을 해왔다. 다음 날 아침 공장 간부들을 모을 테니 조직도에 대한 강의를 다시 한번 해달라는 것이다. 그동안 산덴 직원들은 조직은 조직이고, 조직도는 윗사람이나 신경 쓰는 것이지 자신들하고는 아무 상관없다는 생각을 가졌다고 했다.

돈 주는 사람이 고객이고,
고객이 시킨 것만 일이다

둘째 날, 호텔로 마중 나온 산덴 직원의 안내로 9시쯤 공장에 도착하자마자 휘날리는 태극기가 제일 먼저 눈에 들어왔다. '아! 나는 대한민국을 대표해서 왔구나.' 하는 생각이 들자 더욱 막중한 책임감을 느꼈고, 새롭게 마음을 다잡았다.

공장 현관 입구에서 모리 사장과 공장장, 3명의 본부장과 부장급 이상 간부들 20여 명이 도열하여 반갑게 맞아주었다. 진심으로 배우고자 하는 마음이 전달되는 듯했다. 공장 안으로 들어서자 내 이름이 쓰인 커다란 웰컴보드가 한눈에 들어왔다. 정말 세세한 것 하나하나까지 신경 쓰는 일본인들의 섬세함이 놀라웠다. 이와 같은 마중인사와 지도회가 끝난 뒤 정중하게 배웅하는 의전은 지금까지도 매달 한결같이 행해지고 있다.

아침 일찍 영문도 모르고 모인 아카기 공장 간부들에게 쿠보타 공장장은 모임의 취지를 설명했다.

"이 자리는 오늘부터 공장 전체의 문화를 바꾸기 위한 자리입니다. 앞으로 우리 공장의 일하는 방법, 제품을 만드는 방법을 바꿔나갈 것입니다. 여기 모인 모두가 이 같은 방침을 이해하고 생각을 함께하기 위한 중요한 자리가 될 것입니다. 오늘

강의를 잘 듣고 각자 앞으로 어떻게 하면 좋을지 생각해주기 바랍니다.”

이어서 나는 자기소개를 시작으로 일과 고객, 조직에 대한 개념을 설명하기 시작했다.

첫 번째로 얘기한 것은 직원은 물이며 물과 같은 성질을 갖고 있기 때문에 물을 담는 그릇, 즉 용기에 따라서 형태가 변하고 행동이 변한다는 내용이었다. 그 그릇이라는 것은 컨베이어 생산이냐 셀생산이냐 같은 생산 시스템이 될 수도 있고, 기술부서, 개발부서 같은 조직의 형태나 업무분장이 될 수도 있다. 따라서 조직이라는 그릇을 바꾸면 생각이 바뀌고 직원들의 행동이 바뀐다. 그러기 위해서는 여태까지 가져왔던 컨베이어 생산에 대한 모든 고정관념을 버려야 하고 편견과 선입견도 버려야 한다.

예를 들어 “개발부서의 고객은 누구인가?”라는 질문을 하면 흔히 상품을 구입해주는 고객 또는 영업부서라고 대답한다. 물론 이 답도 맞긴 하다. 하지만 생산현장, 즉 제조부서가 개발부서의 1차 고객임을 잊어서는 안 된다. 생산현장에서 빠르고 쉽게 조립할 수 있도록 설계해서 현장직원들의 얼굴에 웃음꽃이 피게 하는 것이 중요한 일임을 잊지 말아야 한다.

우리는 일을 하러 직장에 다닌다. 때문에 일의 개념이 무엇인지 잘 알고 있어야 한다. 일이란 무엇일까? '고객이 시키는 것만'이 일이다. 따라서 반드시 내 고객이 누구인지를 알고 일해야 한다. 고객이란 '일의 대가로 돈을 주는 사람'이다. 돈이 생기지 않는 것은 일이 아니라 그냥 취미활동이다.

먼저 당신의 고객이 누구인지부터 파악하라

회사 내에서도 이러한 '일과 고객' 관계가 성립할 수 있다. 일례로 총무부서나 지원부서 등 간접조직의 고객은 영업이나 생산 같은 직접조직이다. 직접조직이 열심히 일해서 성과를 내야 회사가 발전하고 이익도 많이 생긴다. 그런데 흔히 관리를 잘해야 성과가 날 수 있다고 착각해 자신들의 고객인 직접조직을 발아래에 두고 지배하려 하거나 부려먹으려고 한다. 이렇게 화이트칼라와 블루칼라로 나뉘는, 전통적으로 내려오는 잘못된 관행을 고쳐야 튼튼한 회사로 성장할 수 있다.

사실 이러한 잘못된 관행은 컨베이어 시스템의 관리방법에서 기인한 것이라 볼 수 있다. 실제로 돈을 벌어주는 생산부서의 업무권한, 행동범위를 대폭 축소하고 극히 분업화된 업무만 수행하도록 하면서 나머지는 관리부서에서 계획하고 통제해나간다는 컨베이어 시대의 전통적인 폐습이 아직도 사라지지 않는 것이다.

예를 들어, 우리나라 공장들과 마찬가지로 산덴도 생산량이 갑자기 증가하여 공장에 작업자가 긴급히 필요할 때 인력공급이 제때 이루어지지 않았던 적이 있다. 당연히 생산에 차질이 생겨 발을 동동 굴렀다. 그 원인을 살펴보니, 일단 공장에서는 언제까지 몇 명이 필요하다고 총무부서에 의뢰하고 나서 마냥 기다리고만 있었다. 그리고 총무부서는 갑자기 인원을 늘리면 나중에 혼날 게 뻔하니 요청받은 사항을 대충 깔아뭉개면서 버티거나, 충원인원을 줄이려고 쓸데없이 실랑이하다가 시간을 놓쳐버린 것이다.

컨베이어 생산처럼 일이 지나치게 분업화되어 있으면 생산부서 입장에서는 스스로 개선할 여지가 별로 없다. 즉 생산부서가 자체적으로 무언가를 바꿔보려 해도 운신의 폭이 거의 없다는 의미다. 그렇다면 주문량이 늘어 인력이 더 필요할 때, 지원부서는 생산부서가 원하는 대로 즉시 충원을 해주어야 생산에 차질이 생기지 않는다. 그런데도 채용담당 부서는 인원을 더 줄이라는 둥, 프로세스를 개선하면 해결되지 않느냐는 둥 실랑이하며 시간만 낭비한다. 결국 인력난으로 생산에 문제가 생기면 누가 욕을 먹는가? 당연히 생산부서가 다 뒤집어쓴다.

이때 채용담당 부서는 욕을 먹지 않았기 때문에 자신들이 관리를 잘했다고 착각한다. 뒤에 셀컴퍼니 시스템 소개에서 자세히 이야기하겠지만, 이 직접생산직 채용문제는 동네의원의 업무에 해당한다. 이것만 잘 해결되어도 생산부서의 많은 걸림돌을 제거할 수 있다. 산덴 역시 내가 지도한 후 필요할 때 생산부서가 직접 채용하게 함으로써 제때 충원할 수 있었고, 커피머신 크리스타의 대성공을 이끌어낼 수 있었다.

이처럼 고객이 누구인지 모르면, 자기도 모르게 고객을 괴롭히거나 고객에게 피해를 준다. 그러면서 피헤를 많이 줄수록 '관리를 잘하고 있다'고 착각하는 것이 비일비재하다. 어쩌면 이것이 생산현장의 슬픈 현실일 것이다.

불량, 클레임 같은 하수 관리는 간부의 몫

관리라는 말을 자주 쓰면서 정작 관리의 의미가 무엇인지 모르는 경우가 많다. '관리(管理)'는 한자로 대롱 관(管)에 다스릴 리(理)다. 즉 각각의 대롱인 조직과 조직, 직원과 직원 사이에 물이 새지 않고 잘 흘러가도록 다스리는 일이다. 각 부서와 부서, 업무내용과 업무분장에 의해 대롱의 굵기와 길이가 다를 수 있다. 때문에 업무가 진행되다 보면 이 굵기 차이로 인해서 물이 대롱 밖으로 새어 나오기도 한다. 내가 생각하는 관리는 바로 이 물이 새어 나오지 않게 다스리는 일이다.

그런데 이런 일이 업무분장에는 따로 나와 있지 않다. 그러다 보니 기껏 관리한다는 것이 아무 문제 없이 잘 흐르고 있는 대롱 속의 깨끗한 물을 휘저으면서 "잘해라. 빨리 해라. 똑바로 해라." 하는 엉뚱한 잔소리(대롱 속의 물을 더럽히는 행위)다. 그리고 그런 것이 제대로 된 관리라고 착각하는 것이다.

심지어 목이 말라 급히 연못으로 달려간 간부가 연못에 도착한 순간 목이 말라서 갔다는 사실은 까맣게 잊고 돌멩이가 있느니, 이끼가 꼈느니 하면서 연못, 즉 한창 열심히 일하는 생산 현장을 엉망으로 만들어놓는다. 그래 놓고 자신이 생산부서를 잘 관리했노라고 자랑하는 한심한 간부들도 있다. 이렇게 되면 결국 연못물이 더러워져서 그나마 마실 수도 없게 된다. 그러면 이것은 과연 누구의 잘못일까?

대롱을 흐르는 물은 우리 몸속의 동맥과 정맥처럼 윗물(上水)과 아랫물(下水)이 있다. 상수의 물은 생산성이나 효율 등 바로바로 관리되며 눈에 보이는 부분, 즉 좋은 부분이다. 그리고 재고, 불량, 품질에 대한 클레임 등 쉽게 눈에 띄지 않는 하수의 물이 있다. 여기서 더욱 중요한 것은, 대롱에서 새어 나오는 물이 하수일 경우 그것을 막는 책임은 간부들의 몫이라는 것이다. 상급자들이 바로바로 대응해서 더 이상 누수가 생기지 않도록 조치해야 한다.

회사가 해야 할 일은, 물이 밖으로 새지 않도록 해서 돈을 벌고 이익을 늘리는 것이다. 그런데 대부분의 회사들이 '문제만 안 일어나게 하면 된다'는 궤변을 늘어놓는다. 생산현장에 '불량률 제로, 클레임 제로, 안전사고 제로' 등 불가능한 목표를 요구한다는 말이다. 아무 대비도 하지 않고 있다가 문제가 크게 터지면 그제야 허둥지둥 대응하는 것을 보면 안타까운 마음이 든다.

사람, 기술, 작업도 주기적 재고조사가 필수

이렇게 조직도와 업무분장을 새롭게 검토하기 위해서는 그 전에 반드시 해야 할 것이 있다. 바로 재고조사다. 흔히들 재고조사라고 하면 부품이나 제품의 재고를 조사하는 일만 떠올린다. 그런데 사람, 기술, 작업, 일 등에도 재고가 있다. 특히 산덴처럼 오래된 회사일수록 인재와 기술에 대한 재고조사를 정기적으로 해야 한다. 코어기술은 잘 확보하고 관리하는지, 인재들은 적재적소에 배치되어 최고의 기량을 펼치고 있는지 등을 조사해서 인재를 정기적으로 재배치해야 한다. 아주 우수한 인재들이 어느 순간 어떤 간부나 임원에게 밉보여 한직에서 허송

세월을 하는 경우도 많다. 작업이나 일도 중복되거나 불필요한 것들이 많다. 때문에 인재, 기술, 프로세스 등 여러 요소에 대한 정기적인 재고조사가 필수다.

그리고 조직을 새롭게 개편할 때에는 직원들이 마음껏 기량을 펼칠 수 있도록 하는 것을 최우선 목표로 삼아야 한다. 인정받을 기회를 만들어주라는 뜻이다. 조직도와 업무분장을 새롭게 개편하다 보면 그동안 무언가에 가려져 있던 실력 있는 직원들이 주인공이 되고 챔피언이 되기도 한다. 회사가 자신을 인정해주고 관심 가져줄 때 직원은 회사를 신뢰한다. 이것을 나는 '판을 깔아준다'고 표현한다. 새장에 가둬놓고 맘껏 날아보라고 한들, 그 새가 날 수 있을까? 마찬가지로 조직도와 업무분장으로 손발이 묶인 상태라면, 직원들은 마음껏 기량을 펼칠 수 없다. 묶여 있는 손발을 다 풀어주어야 직원들이 지혜와 아이디어를 마음껏 발휘할 수 있다.

또한 조직도에 대한 선입견을 타파하는 데도 신경을 써야 한다. 부하직원이 많아야 '힘 있는 사람'으로 보인다는 착각, '내 할 일은 이것이니 나는 이것만 하면 끝'이라는 안일함과 게으름, 회사 전체가 아니라 자기가 속한 부서만 살면 된다는 부서 이기주의 등이 모두 잘못된 조직도에서 나온다.

현장 담당자에게
즉각 처리할 권한을
주었는가?

05

2018년 4월 18일, 두 번째 지도회가 열렸다. 미팅을 시작하자마자 안건으로 조직변경에 대해 논의했다. 앞으로 셀생산, 셀컴퍼니를 성공적으로 추진해나가려면 조직을 반드시 바꾸어야 할 필요가 있었다. 지난번 첫 번째 지도회에서 현재 조직도의 문제점에 대해 내가 충분히 지적했고, 그 부분에 대체로 공감대가 형성되어 있었다.

우선 생산본부 내에 '제품기술과'를 신설하도록 하고, 설계도면 변경 권한과 포장설계 기능을 부여했다. 이것은 향후 셀생산에서 일어나는 모든 설계변경 사항 중의 대부분을 생산현장에서 즉각 처리할 수 있는 권한을 부여하는 것이다. 산덴 임직원 입장에서는 굉장히 충격적이고 획기적인 결정이었다. 제품기술과는 생산현장과 개발부문을 이어주는 가교역할을 하는 중요한 사명을 띠게 되었고, 제조부문만을 고객으로 하는 이 조직에 대한 기대감은 굉장히 높았다.

이쪽은 기다리고, 저쪽은 바쁘고

산덴 공장의 조직도를 보면 생산본부, 품질본부, 개발본부가 독립적으로 존재한다. 그런데 각 조직을 연결해주는 조직이 없다 보니, 그동안에는 제조를 맡은 생산본부에서 어떤 문제가 생겨도 해결되지 않고 은근슬쩍 넘어가기 일쑤였다. 대개 생산본부는 스스로 처리할 권한이 거의 없었기 때문에 현장에서 무슨 문제가 생기면 누군가 해결해주기를 기다릴 수밖에 없었다. 그런데 그 '누군가'는 개발본부나 품질본부 등 다른 부서다.

문제는 개발본부나 품질본부도 각자 맡은 일 때문에 몹시 바쁘다는 것이다. 내가 아무리 "제조가 핵심이니 생산본부가 얘기하는 것을 바로바로 처리해주세요."라고 주문한들, "당신이 그렇게 얘기해도, 나는 내 일을 해내는 것만으로도 바쁩니다. 사장이 시킨 일도 있고, 본부장이 시킨 일도 있는데, 언제 그것까지 다 합니까? 난 바빠서 못 합니다." 하면 그만이다.

나중에 문제가 되더라도 '아, 그랬구나. 이거보다 그게 더 중요했네?' 하고 만다. 결국 개발본부나 품질본부는 야단맞지 않고 넘어간다. 그런데 제조를 책임지는 생산본부는 사정이 다르다. 어떤 문제를 해결해달라고 했는데, 개발이나 품질에서 해결해주지 않으면 결국 그 문제 때문에 생산에 지장이 생기고, 제품에도 문제가 생긴다. 그러면 만드는 사람들은 매일매일 짜증 나고 힘들다. 더불어 제품에 문제가 있으니 고객들의 아우성이 폭발한다. 그러니까 영업이고, 개발이고, 품질이고 모두 다 적이 되어버린다. 이것은 전 세계 어느 공장이나 비슷하다.

이런 문제를 해결하기 위해 우리는 개발본부에서 인원 4명을 차출해 앞서 말한 '제품기술과'를 신설했다. 제품기술과는 생산본부 소속으로 '제조를 위한 개발부대'다. 예를 들어 제조현장에서 동그란 모양 부품을 네모 모양으로 바꾸면 좋겠다고 제안하면, 도면에서 그걸 바꿔준다. 이러한 가교 역할을 하는 조직이 없을 때는 현장에서 제안이 올라와도 빨리 반영되지 않았다. 도면을 바꾸는 일이기 때문에 개발본부에서 검토를 해주어야만 변경이 가능했던 것이다.

그런데 개발본부는 무척 바쁜 조직이다. 내년, 후년, 5년 후에 팔 것도 설계해야 해서 늘 정신이 없는데, 단순히 동그랗거나 네모난 부품 모양 변경을 가지고 일일이 검토하거나 실험할 인력이 없다. 게다가 수년 전에 설계해놓은 제품의 경우 담당자가 퇴사해버리면 내용을 아는 사람도 없다. 그러다 보니 생산본부에서 문제가 생겨 울고불고해도 콧방귀 뀔 시간도 없다.

상황이 이렇다 보니 그동안 제조현장의 개선제안이 활발해질 수가 없었다. 제안을 해봐야 올라가면 함흥차사인데 누가 아이디어를 이야기하겠는가? 그 시간에 차라리 다른 일을 하든지 노는 게 낫지 않겠는가? 그런데 생산본부에서도 도면을 변경할 수 있는 권한이 생기니 현장의 개선제안이 활발해졌다.

이제는 문제가 생기면 제품기술과에서 자체적으로 처리하거나 정 안 될 때만 개발본부에 들고 간다. 예전에는 제조에서 무언가를 들고 개발로 직접 가는 일 자체가 없었고 본부 간의 벽이 굉장히 높았지만, 제품기술과의 사람들은 원래 개발본부에 있었으니 의사소통이 훨씬 수월하고 문제해결도 빨랐다. 가네코 생산본부장은 제품기술과의 신설로 조직이 더 활기차게 바뀌었다며 이렇게 말한다.

"가장 큰 변화는 '제품기술과'를 신설한 것입니다. 도면변경이 가능한 직원이 제조부문에 배치되면서 도면변경은 물론이고 다른 현장개선 방안도 실행이 가능해졌습니다. 제조부문이 도면을 변경한다는 것은 생각조차 해본 적이 없는데, 큰 충격을 받았습니다. 현장의 제안으로 실제 제조부문이 개선되고 생산성이 크게 향상되었습니다."

일이 흐르되, 단계마다 명확한 구분을

산덴의 또 한 가지 문제는 일의 구분이 모호하다는 것이었다. 가령 신제품이 나온다면, 개발에서 출하까지의 각 단계가 애매모호하게 흘러갔다. 일의 단계가 명확하지 않고 두루뭉술

하다 보니 시장 출시 후 제품에서 문제가 발견되어도 원인을 찾기가 어려웠다. 개발이 잘못한 건지, 품질이 잘못한 건지, 제조가 잘못한 건지 알 수가 없었다.

그래서 나는 일을 다른 조직으로 넘길 때는 확실하게 구분을 짓고 넘겨주라고 말한다. 그런 의미로 만들어진 것이 MT(Mass production Trial, 양산시작) 생산이다. 그동안에는 개발본부에서 설계를 하면 품질본부에서 평가한 뒤 생산본부는 넘겨주는 대로 받아서 물건을 만들기만 했다. 생산단계에서는 개발본부나 품질본부가 손을 떼다시피 했기 때문에 문제가 생기면 생산본부만 속이 타는 상황이었다. 개발단계에서부터 잘못된 것이 생산 중에 발견되면 생산본부는 자체적으로 해결도 하지 못하면서 끌어안고 끙끙대는 것이다.

이런 현상의 원인은, 일이 넘어가는 단계마다 명확하게 구분되지 않아서다. 때문에 개발단계에서 발생한 문제도 생산본부가 이른바 '독박'을 쓰고, 그 뒤에 품질본부가 야단을 맞는 악순환이 반복되는 것이다. 어쩌면 이것은 산덴만이 아니라 전 세계 제조 100년사의 가장 큰 문제일 것이다. 이 갈등을 누군가는 반드시 해결해주어야 하는데, 그 방법이 이제까지는 없었다.

그래서 '설계평가과'를 만들었다. 개발본부에서 설계가 제대로 되었는지를 평가하는 부서다. 이제까지는 개발본부의 구성원 각자가 설계를 마치면 자체 평가만 하고서 생산본부에 넘겨주었다. 그러다 보니 생산 이후에 시장에서 문제가 생기면 뒤치다꺼리밖에 할 수 없었다. 그런데 이제는 생산본부가 값싸고 쉽게, 빨리 만들 수 있는 설계인지를 판단한다. 개발본부 자체평가 단계를 거친 뒤 MT를 진행하는 것이다. MT에는 개발, 품질, 제조의 관련 직원들이 모두 들어간다. 좋은 물건을 만들기 위해 디자인 리뷰 단계에서부터 힘을 합치는 것이다.

이 과정에서 생산본부가 '이 정도면 우리가 만들 수 있다'고 하고, 품질본부도 '이 정도면 우리가 책임질 수 있다'고 합의한다. 그런 과정을 거친 뒤부터 발생하는 모든 문제는 생산본부가 책임을 진다. 이런 식으로 일이 연결되면서도 '여기까지는 내 일, 여기부터는 네 일' 하는 식으로 단계별로 잘록잘록 구분되어 있어야 공과도 명확해지고, 책임도 확실해진다.

후방에서 지혜와 아이디어를 짜내는 부서를 키워라

셀생산과 셀컴퍼니를 성공시키기 위해서는 '생산기술과'의 역량과 역할도 굉장히 중요하기 때문에 나는 모리 사장에게 생산기술과의 보강을 요청했다. 생산기술과는 셀생산라인을 돕는 후방의 기술 지원부서라고 보면 된다.

대부분의 제조회사들은 컨베이어 생산 시스템을 대량으로

가지고 있지는 않고 하나나 둘, 많아야 3개 정도 가지고 있다. 때문에 설비나 치공구(보조공구) 등도 거기에 맞춰서 준비해 사용한다. 그러나 셀생산의 경우에는 5개에서 10개 이상으로 셀 라인의 숫자가 늘어나기 때문에 해당 치공구 등의 숫자도 늘어날 수밖에 없다. 이는 셀생산라인을 계획하고 투자할 때 큰 부담이 될 수 있다.

따라서 생산기술과는 비싸고 규모가 큰 기성품의 설비나 치공구가 아닌 자사의 셀생산 라인에 딱 맞는 싸고 좋은, 가급적이면 돈이 적게 드는 치공구를 자체적으로 개발해서 순발력 있게 대응해야 한다. 그런 일을 처리하는 데 지혜와 아이디어를 짜내는 부서가 생산기술과다.

그래서 셀생산방식이 더 늘어나기 전에 사전에 생산기술과의 기술력을 키워놓는 준비가 필요하다. 그동안 산덴의 생산기술과는 기성품을 사다 쓰는 것에 익숙했기에 시급하게 대비를 시작해야 했다. 그래서 모리 사장에게 생산기술과 보강을 주문한 것이다.

산덴의 생산현장은 그야말로 '보물창고'였다. 직원들이 그게 보물인지 몰라서 그렇지 내 눈에는 다 보물이었고, 캐내기만 하면 돈을 벌 수 있는 원석이었다. 먼저 보는 사람이 임자인 원시림의 상태 같달까? 그동안 아무도 손대지 않은 것 같은 느낌이 들 정도였다. 다시 말하면 제대로만 지도하면 곧바로 좋은 효과가 나타날 수 있는, 내가 보기에는 대단히 낭비가 많은 환경이었다.

처음에는 사실 고민이 좀 되었다. '일본의 공장은 이렇게 관리하고 있구나. 잘하고 있다는 공장의 모습이 이런 정도구나.' 싶었다. 아카기 공장은 그동안 데밍상도 받고, 일본 내에서 열린 TQC(total quality control, 종합적 품질관리운동) 대회에서 수상도 했다. 내가 가기 전까지 8년이나 도요타 전문가를 불러서 지도받기도 했다. 그러니 어느 정도는 '낭비제거' 활동이 끝났을 것이라고 생각했다. 그다음 단계부터 지도하면 될 줄 알았는데 실상은 그렇지가 않았다. 나는 시급히 공장의 낭비제거 활동부터 시작해야겠다고 판단했다.

현장을 둘러보던 첫날, 부품 피킹(다음 공정에 부품을 갖다주기 위해서 세어서 바구니나 운반대차에 담는 일)을 하는 곳이 눈에 띄어서 다가갔다. 그곳에서는 직원 몇 명이 산더미같이 쌓인 플라스틱 반찬통(?)에 볼트, 나사를 하나하나 정성껏 세면서 열심히 담고 있었다. 어떤 통에는 2개도 담고, 어떤 통에는 5개도 담는 등 분주히 작업하고 있었다.

내가 가서 무엇을 하는 거냐고 물으니, 조립할 때 나사를 하나라도 빠트리면 안 되기 때문에 일일이 세어서 라인현장에 공급한다고 했다. 품질불량을 방지하기 위해서란다. 나는 언제부터, 누가 시켜서 한 것이냐고 다시 물었다. 그러자 누군가가 쭈뼛쭈뼛하면서 언제부터인지는 기억이 안 나지만 도요타 전문가가 지도할 때 '품질보증을 위해서' 시킨 것이라고 대답했다. 나는 어이가 없었다.

다음 달 두 번째 지도회 전까지 반찬통을 싹 다 버리고, 일일이 세어 갖다주는 업무를 중지하라는 개선책을 지시했다. 그러자 품질담당 부장이 나서서 과거에 문제가 되었던 일들을 이야기하며 '일일이 개수 세어서 담아주는 일'을 중지하면 안 된다고 반대했다. 여러 가지 이유를 댔지만, 나는 자신 있게 반박했다. 일본 제조회사 작업자 정도의 수준이라면 부품을 일일이 세어 개수를 맞춰 전달하지 않아도 큰 문제가 발생할 리 없을 것이고, 더욱이 셀생산방식에서는 품질에 대한 책임과 권한이 작업자에게 있다고 강조했다. 책임과 권한을 가진 작업자는 하나라도 빠트릴 리 없고, 그러므로 부품을 남이 일일이 세어주는 일은 하지 않아도 된다고 말이다.

　나의 첫 번째 지도는 엉뚱하게도 나사를 일일이 세어서 반찬통에 담아 라인현장에 갖다주는 낭비 행위를 중지하라는 것이었다. 품질에 아무 문제가 없어야 하는 것은 제조의 기본이다. 너무 당연한 일이다. 하지만 없앨 수 있는 낭비는 없애야 한다.

　특히 나는 이것이 도요타 전문가의 지시였다는 게 도무지 이해가 되지 않았다. 낭비제거라면 도요타가 세계 최고인 줄 다들 알고 있는데, 이런 말도 안 되는 지시를 했다니 말이다. 실제로 생산현장에서는 품질을 지켜야 한다는 명분으로 엄청나게 다양한 낭비를 저지르고 있다. 따라서 낭비 없이 적절한 품질을 확보하는 것이 굉장히 중요한 테크닉이고 노하우다. 나는 현장을 둘러보는 내내 낭비를 보는 눈, 낭비를 찾는 방법을 시급히 교육해야겠다고 생각했다.

"이번 달까지 바퀴 안 달면 사표를 받겠습니다."

　사람이 더운지, 추운지, 배고픈지 등은 본능적으로 알 수 있다. 하지만 분수를 알고 지키기 위해서는 배움과 경험이 필요하다. 마찬가지로 현장에 널려 있는 '낭비'도 눈으로 본다고 해서 본능적으로 알 수 있는 것이 아니다. 많은 교육과 훈련, 경험을 거쳐야 비로소 보이고, 또다시 부단히 실습해야 제거하는 방법을 익힐 수 있다.

내 지도회의 목적은 최대한 빨리 아카기 공장에 일본 최초의 셀컴퍼니를 도입하고 정착시키는 것이었다. 궁극적으로는 셀컴퍼니 시스템 정착을 통해 산덴을 우량회사로 탈바꿈시키는 것이었다. 앞에서 말했듯이 그러기 위해서 우선 시급한 것이 '공장의 낭비제거 활동'이라고 판단했다.

나는 현장지도를 수행하고 있던 40명 가까운 산덴 관계자들 앞에서 "이제부터 과감한 낭비제거 활동을 시작할 것"이라고 선언했다. 이를 위해서 첫 번째로 할 것이 "공장 내의 모든 부품 운반대차, 운반선반 등에 캐스터(바퀴)를 달아야 한다."는 것이었다. 다음 지도회 때까지 바퀴를 모두 달아서 언제든지 자유자재로 움직일 수 있도록 만들라고 지도했다.

그때까지 아카기 공장은 큰 철판 같은 것을 취급하다 보니 모든 것을 지게차로 들어야 움직일 수 있었다. 따라서 현장의 레이아웃 변경은 꿈도 꿀 수 없는 어둡고 스산한 공장이었다. 내가 평소 생각하는 이상적인 공장은 '새털처럼 가볍고 심플한 공장'이다. 그렇게 만들기 위한 첫 단추는 모든 것을 마음먹은 대로 움직일 수 있게 바퀴를 다는 방법 외엔 없었다.

'심플(SIMPLE)'한 공장이란 스피드(Speed)가 있고, 이노베이션(Innovation), 즉 혁신을 실천(Move)하며, 생산성(Productivity)이 높고, 제조비용이 싸며(Low Cost), 환경(Environment)을 보호해나가는 공장을 말한다. 빠르게 혁신하고 실천하며, 경쟁사보다 낮은 단가로 만들어 생산성을 높이는 공장, 그러면서 동시에 이산화탄소도 줄이고 지구환경도 보호하는 공장이 내가 생각하는 이상적인 공장이다. 이렇게 가벼운 공장만이 시장변화에 유연하게 대응하며 혁신에 성공할 수 있다. 강한 공장이 살아남는 것이 아니라, 살아남는 공장이 강한 공장이다. 무거운 공장은 혁신에 대응하기 매우 힘들다.

빠르게 혁신할 수 있는 가벼운 공장이 되려면 어떻게 해야 할까? 먼저 가볍게 움직일 수 있어야 한다. 이를 위해서 바퀴를 달라고 한 것이었다. 그런데 당시 산덴의 구성원들은 왜 바퀴를 달라는 것인지를 전혀 이해하지 못하는 듯했다. 낭비제거 활동과 바퀴 다는 일이 무슨 관련이 있는지 이해가 안 되었던 모양이다. 그래서 그런지 그 넓은 공장 전체에 있는 모든 대차와 부품 선반에 바퀴를 다는 일도 차일피일 늦어지고 있었다. 물론 간단치 않은 일이라는 것은 나도 이해한다. 하지만 그렇게 4월이 지나고 석 달째 되는 5월 지도회까지도 지지부진하자 모리 사장이 엄포를 났다.

"이번 달까지 바퀴 안 달면 사표를 받겠습니다."

이후 거의 모든 직원이 동원되어 모든 선반과 운반구에 바퀴를 달았고, 이후 그것들을 쉽게 움직이게 되면서 레이아웃 변경은 아주 수월해졌다. 그때부터 비로소 작업면적을 줄이는 면적의 낭비제거, 운반거리의 낭비제거가 시작되었다.

"바퀴야말로 인류 최대의 발명"이라는 모리 사장의 말마따나 바퀴를 달고 나서부터는 매일매일 필요에 의해서 공정변경, 이동거리 축소 등이 자유로워졌다. 그렇게 산덴 아카기 공장에서는 '할 수 없다, 안 된다'는 고정관념들이 점점 엷어져 가고 있었다. 최근 아카기 공장에서는 동서로 걸쳐 있던 라인을 남북으로 바꾸는 대대적인 생산현장 레이아웃 변경작업이 있었는데, 2시간도 채 걸리지 않았다며 내게 자랑했다.

5%는 불가능해도 50%는 가능하다

셀컴퍼니를 도입하기 위해서는 우선 공장에 널려 있는 각종 낭비를 제거해야 한다. 필수적인 일이다. 불필요하게 넓은 작업면적을 쓰면서 작업자를 피로하게 하고 동작의 낭비를 유발하는 사용면적의 낭비, 운반거리의 낭비, 작업에 당장 쓰이지도 않는 것을 여기저기 쌓아두는 정체(停滯)의 낭비, 과잉·과다재고의 낭비 등 각종 낭비를 제거하지 않으면 슬림화된 셀컴퍼니 시스템을 도입할 수 없다. 즉 현장의 낭비제거가 선행되어야 간접조직의 관리업무 낭비를 줄일 수 있고, 그러고 난 후에 셀컴퍼니의 조직을 구성할 수 있다는 뜻이다.

나는 산덴 구성원들에게 이렇게 선언했다.

"이제부터 모든 것을 50% 절감하는 목표로, 낭비제거 활동을 시작하겠습니다."

나는 '5%는 불가능해도 50%는 가능하다'는 말을 자주 했다. 풀어 쓰면 '5%의 개선은 불가능해도 50%의 개혁은 가능하다'는 뜻이다. 언뜻 듣기에는 말이 안 되는 얘기 같지만, 말단 담당자에게 알아서 해보라고 맡겨버린 '5% 개선'은 달성이 어렵지만 사장이나 경영자들까지 나서서 함께 하면 '50%의 개혁'도 가능하다는 말이다. 그래서 나는 50%의 개혁을 반드시 달성하기 위해 모리 사장과 경영진들에게 지도회에 반드시 참석해야 한다고 강조했던 것이다.

이러한 생각을 바탕으로 우선 현장에서 작업자들 각자가 사용하고 있는 작업장 면적을 반으로 줄이고 부품운반 거리, 보행 거리를 50% 줄이라고 지시했다. 눈에 보이는 쉬운 것부터 하나하나 줄여보기로 했다. 그리고 개발본부에는 현재 사용하고 있는 나사의 종류와 개수를 줄일 방법을 검토하라고 지시했다. 또한 개발본부 직원들을 현장에 보내서 현장의 살아 있는 목소리를 듣고, 개발본부가 저질러놓은(?) 잘못은 그쪽 직원들이 문제점을 시정하고 개선하도록 했다.

　이러한 활동들을 일회성으로 끝나지 않고 체계적으로 꾸준히 추진해나가기 위해서는 무엇이 필요할까? 정기적으로 실시할 수 있는 '시스템'이 필요하다. 그게 바로 '심스활동'이다. 일종의 '생산혁신 실천대회'인 심스(SIMS, Sanden Innovative Manufacturing System)는 현장직원들이 주인공이 되어 자기 주변의 낭비를 찾아 매달 개선책을 발표하고 당일 시상하는 혁신활동이다.

　실제로 나는 이 활동을 캐논코리아와 롯데알미늄, 롯데기공에서도 직원들과 아주 재미있게 추진했던 경험이 있다. 정기적으로 이런 활동을 하면 직원들이 능동적으로 바뀌고 현장이 밝아진다. 눈에 보이는 효과가 매우 크고 분명했다. 이러한 경험들을 근거로 나는 자신 있게 심스활동을 제안했고, 다음 달 지도회부터 전격적으로 시작하기로 했다.

　그리고 심스를 추진하기 위해서 추진조직도 필요하고 세세하게 심사기준도 정해야 하는 등 해야 할 일이 많아서 이를 전담할 5명의 제자(?)를 선임했다. 여담이지만, 지금도 산덴에는 과장급 직원 5명으로 이루어진 G5(Golden Five, 이것은 모리 사장이 명명한 것으로 내 성인 김숖에서 Gold의 G를 따온 것이다) 라는 그룹이 있다. 이들은 내가 지도하러 가면 일주일간 각자 하던 업무를 중단하고, 선적으로 내가 지시하는 일만 수행한다. 그 5명의 멤버는 요시노 생산관리과장, 고야 제조과장, 마시모 생산기술 과장, 히라노 정보추진과장, 다나카 혁신추진과장인데, 내가 지 도회를 마치고 귀국하면 다음 지도회까지 해야 할 일들을 추진 하고 제반사항을 확인하는 역할을 한다. 언젠가 지도회가 끝나 고 내가 더 이상 가지 못할 때를 대비해 미리 제자들을 키우고 있는 것이다.

이후 산덴은 심스활동을 6개월 정도 진행한 뒤 그 효과를 톡 톡히 체험했고, 수십 년 동안 실시해온 TQC 활동도 중단했다. 그만큼 심스활동은 실질적이고 효과가 크고, 업종을 가리지 않 고 도입할 수 있다는 장점도 있다.

부가가치가 없는 것은 모두 낭비다

07

처음에 내가 "모든 낭비를 50%씩 줄여보자"고 제안했을 때, 산덴 구성원들은 반발도 많고 불만도 많았다. "어떻게 50%나 줄입니까? 5%, 아니 3%도 어려운데…"라며 대놓고 항의한 사람도 있었고, 다들 속으로 '일도 바쁜데 뭐 그런 것까지 시키냐' 하며 시큰둥해하기도 했다. 일반적으로 TQC 활동의 일환인 개선발표는 대개 분기에 한 번, 반기에 한 번, 또는 1년에 한 번 전사적으로 시행하는 게 전부다. 일본이나 한국이나 다 비슷하다. 하지만 그렇게 해서는 개선효과를 얻기 힘들다.

그래서 나는 캐논코리아 안산 공장 시절부터 한 달에 한 번씩 개선책을 발표하고, 그 자리에서 평가해 표창도 하고 상금도 주는 시스템을 운영해왔다. 따라서 직원들은 매일 개선할 점을 생각하고 실천해 매달 발표했고, 현재 산덴에서도 우수상 10만 원, 최우수상 20만 원의 큰 금액의 상금을 주는 시상식을 매달 하고 있다. 여기서 '큰 금액'이라고 표현한 이유는, 대개 일본 회사의 경우 제안 관련 시상금은 우리 돈으로 5,000원, 1만 원, 아주 많아야 5만 원 정도이기 때문이다. 그래서 10~20만 원 수준인 산덴의 경우는 파격적으로 높은 금액이라고 볼 수 있다.

산덴도 처음에는 우수상 5만 원, 최우수상 10만 원이었는데 매달 좋은 제안이 나오고 큰 효과를 거두자 6개월 만에 시상금을 2배 인상했다.

낭비제거를 위한 7가지 의식개혁

나는 심스활동에 동참하자는 분위기를 만들고, 낭비를 알아보는 눈과 제거하는 방법을 알려주기 위해 약 250명의 직원을 대상으로 의식개혁과 낭비제거에 관한 특별강연을 실시했다. 낭비를 제거하고 혁신하려면 생각하는 방법, 즉 의식부터 바꾸어야 한다. 그와 관련된 주요 내용을 소개하면 다음과 같다.

첫째, 고정관념과 편견을 버리자

내가 강연에서 '베테랑은 혁신의 방해자'라고 하자 다들 놀라는 눈치였다. 그 뜻은 컨베이어 시스템에서의 베테랑은 컨베이어가 철거되고 나면 셀생산에 방해만 된다는 것이었다.

둘째, 모든 것을 부정하고 원점에서 다시 생각하자

컨베이어 시스템에서 있었던 모든 현상을 전면 부정하는 것에서부터 혁신은 시작된다. 생산관리, 재고관리, 자재관리, 물류관리 등 모든 것을 부정하고 원점에서 다시 생각해봐야 한다. 그래야 50%의 개혁이 가능하다.

셋째, 하고 나서 생각하자

100점 맞으려고 시간을 허비하지 말고 50점짜리라도 좋으니 우선 시작하고 해나가면서 100점을 맞도록 노력하라는 뜻이다. 또한 똑같은 일을 하더라도 내가 먼저 생각하고 행동하는 것이 중요하다. 일례로 윗사람과 복도를 지나가는데 휴지가 떨어져 있는 것을 보았다. 그때 내가 먼저 주우면 허리를 굽히면서도 뿌듯하다. 하지만 "자네는 눈이 없나? 당장 줍게!" 하고 윗사람의 지시를 받고 주우면 당연히 언짢아진다. 곱씹다 보면 '도대체 나를 어떻게 보고 휴지나 주우라고 하지?' 하는 생각까지 드는 게 사람 마음이기 때문이다.

07. 부가가치가 없는 것은 모두 낭비다

넷째, 즉각 실천하자

생각만 하는 것보다는 하다가 빨리 실패하는 것이 훨씬 성공에 가까워질 수 있다. 혁신은 이제껏 해보지 않은 것들에 대한 도전이므로 절대로 실패를 두려워하거나 실패했다고 야단치면 안 된다.

다섯째, '왜'를 5번 되풀이해 질문하자

잘 안 되고 어려운 일일수록 '왜'를 5번 이상 반복하여 근본적인 원인을 찾아보고, 될 때까지 방법을 찾아야 한다. 궁하면 반드시 통하니 절대 포기하면 안 된다.

여섯째, 돈을 들이지 말고 혁신하자

혁신한다면서 낭비를 일삼는 일이 허다하니 주의할 필요가 있다.

일곱째, 혁신의 성공 여부는 직원들의 표정에서 나온다

혁신이 바른 방향으로 잘되어가고 있으면 분위기가 좋아지고 직원들의 표정도 밝아신다. 따라서 웃는 직원들이 많아질 수 있도록 노력해야 한다. 일을 힘들어하고 조직을 어려워하는 직원들이 많아지면 방향과 방법이 맞는지 다시 한번 생각해볼 필요가 있다(참고로 이 얘기를 들은 모리 사장은 도요타 시스템보다 셀 컴퍼니가 인간존중 면에서는 앞서 있다면서 웃었다).

보이지 않는 낭비, 배워야 알 수 있는 낭비

국어사전을 보면 낭비란 '시간이나 재물 따위를 헛되이 헤프게 쓰는 것'이라고 되어 있다. 그러나 산업현장에서는 돈이 되지 않는 모든 행위 또는 '인풋(input)'보다 '아웃풋(output)'이 적게 나왔을 때를 낭비라고 말한다. 즉, 돈 되는 일을 하지 못하거나 돈을 벌지 못하는 행동이나 작업, 즉 부가가치가 없는 것이 모두 낭비다.

낭비의 종류는 여러 가지다. 먼저 눈에 뻔히 보이기는 하지만 제거할 의지나 시간이 없어서 그냥 놔두는 낭비가 있다. 알면서도 저지르는 낭비다. 반면에 컨베이어 철거같이 결과를 보고 나서야 깨닫게 되는 잘 안 보이는 낭비, 즉 배워야 알 수 있는 낭비도 있다.

그리고 천재지변이나 화재 같은 예측하기 어려운 낭비도 있다. 그리고 시간이나 물자 같은 돈의 낭비, 노력이나 재능의 낭비, 쇠귀에 경 읽기와 같은 행동도 낭비 행위다. 시간 낭비와 에너지 낭비가 발생하는 도로정체 현상이나 과잉재고, 불량품 발생 등의 생산의 정체도 일종의 낭비다.

제조현장에서 발견 즉시 없애야 하는 낭비에는 또 무엇이 있을까? 작업자 앞에 작업할 물건이 제때 오지 않아 생기는 기다림의 낭비, 부품이나 물품을 찾느라고 시간을 허비하는 낭비, 잘못해서 다시 작업하는 재작업의 낭비, 아무런 부가가치가 생기지 않는 운반행위를 하는 운반의 낭비 등이 있다. 제조현장에 부품이 포장된 상태로 들어와서 작업자가 포장지를 뜯으면서 작업하는 일도 있다. 그리고 제대로 된 도구나 공구를 사용하지 않고 적당히 작업하는 경우도 있다. 그 외에 과잉품질, 과잉포장 등도 모두 낭비라고 볼 수 있다.

이러한 낭비를 쉽고 빠르게 찾아내기 위해서는 불필요한 것을 바로바로 버리는 '정리', 정리하고 남은 것들을 쉽게 찾아쓸 수 있도록 하는 '정돈'이 필수다. 그리고 마모되거나 열화 또는 노화되어 큰 사고나 불량이 생길 소지가 있는 곳은 반드시 꼼꼼히 청소하고 교체해 대형사고나 불량발생을 미리 방지해야 한다.

참고로 도요타에서 얘기하는 '현장의 7가지 낭비' 역시 비슷한 부분이 많다. 과잉생산, 초과생산, 과잉가공, 과다재고는 물론이고, 기다리게 만드는 것, 쓸모없는 운반, 작업자를 피로하게 하는 불필요한 동작 등이 그것이다. 이 모든 낭비는 생산성을 떨어뜨리고 작업자를 괴롭히며 회삿돈을 좀 먹는다. 낭비제거에 대해 좀 더 알아보고 싶은 독자라면 '도요타의 7대 낭비'를 찾아보기를 권한다.

재고는 죄고(罪庫), 불량은 대형사고다

이러한 낭비들로 인해 회사는 자금 유동성이 악화되고, 불필요한 인력도 투입해야 되며, 작업자들 간에 불협화음이 생긴다. 운반 중에 부품이나 제품을 떨어뜨리는 사고도 발생한다. 특히 과잉·과다재고가 발생하면 회사의 자금이 재고로 잠기게 된다는 문제가 생긴다. 그뿐 아니라 그 재고를 관리할 인력과 보관장소(경우에 따라 창고를 새로 짓거나 빌려야 한다)가 필요해져 비용이 올라간다. 이렇듯 재고는 공장의 모든 문제를 가려버리기 때문에 특히 주의해야 한다. 그래서 나는 '재고'를 회사에 죄를 짓는 것, 즉 '죄고(罪庫)'라고 부른다.

컨베이어 생산에서는 작업자 1인당 작업공수가 대개 1~2분 이하로 짧지만 셀생산에서는 10분 이상을 투여한다. 따라서 작업자가 피곤해지지 않도록 물건이나 부품을 놓거나 잡을 때 불필요한 동작의 낭비를 최소화시킬 필요가 있다.

또한 작업현장에서는 예기치 못하는 상태에서 불량도 많이 발생한다. 불량을 내놓고 '재활용하면 되지' 또는 '수리해서 쓰면 되지' 같은 안이한 생각은 금물이다. 불량을 내면 회사와 동료에게 폐를 끼친다는 생각으로 철저히 작업에 임해야 하며, 불량코스트를 철저히 집계해 줄여나갈 수 있도록 하수도 관리를 제대로 해야 한다(하수도 관리는 뒤에서 자세하게 설명하겠다).

그리고 불량이 발생하면 즉시 처리해서 향후 생길 수 있는 대형사고를 막아야 한다. 내 경험에 의하면 현장에서 발생한 불량 현상은 반드시 시장에서도 언젠가 발생한다. 때문에 발생 즉시 처리해서 불량의 원인과 대책을 그때그때 세워야 한다. 그런데 생산이 바쁘다는 핑계로 미루다가는 결국 리콜 같은 대형참사로 이어질 수 있어 각별히 주의하고 경각심을 가질 필요가 있다.

나는 불량은 발생을 막는 것도 중요하지만, 그것보다 사후처리가 더 중요하다는 것을 꼭 기억해달라고 산덴 직원들에게도 신신당부했다. 그 후 산덴 직원들은 내가 강의했던 낭비제거 사례들을 인쇄해 현장 곳곳에 게시해두었다. 그렇게 그들 스스로 낭비에 대한 경각심을 높여나갔다.

어제와 다른 것,
어제보다 좋아진 것이
있는가?

2018년 5월 16일, 세 번째 지도회가 열렸다. 앞에서 잠깐 소개한 '심스'라는 낭비제거 활동이 드디어 시작된 날이다. 그러나 심스가 처음부터 매끄럽게 진행된 것은 아니다. 막막해하던 직원들을 여러 임원, 간부들이 독려한 결과, 한 달 동안 현장직원들이 62건의 개선제안을 제출했다. 그중 자체 예선을 통과한 12개의 제안이 올라왔고, 나는 제조현장에서 실물을 보면서 제안자로부터 직접 내용을 전달받았다. 제안자가 직접 발표를 하게 한 것이다.

이때 발표자료는 '심스보고서'라는 양식을 미리 정해주었고, 아무리 개선내용이 복잡하고 방대하더라도 반드시 A4 종이 1장으로 정리해 발표하도록 했다. 꼭 필요한 경우 사진 등은 별도로 첨부하는 방식이다.

심스보고서에는 우선, 제안자가 개선하고자 하는 낭비가 앞서 소개한 '7가지 낭비' 중에 어떤 종류인지 표시한다. 제조현장에서는 대개 도요타에서 얘기하는 '제조의 낭비 7가지'를 기준으로 낭비제거 활동을 한다. 다시 설명하면 과잉생산·초과생산의 낭비, 기다림의 낭비, 운반의 낭비, 가공의 낭비, 재고의 낭비, 동작의 낭비, 불량을 만드는 낭비 등이다.

이렇게 낭비의 종류를 표시한 다음에는 그 낭비로 인해 현장에 어떤 문제가 발생했는지를 분석하고 그 대책을 마련한다. 이때 '5Why' 방법을 적용한다. 즉 '왜(Why)'를 5번 되풀이해서 본질을 파악한 뒤, 방법(How)을 도출하는 것이다.

그다음에 얼마나 줄일지 목표를 설정하는데, 3~5%가 아니라 50% 절감에 도전하라는 것이 내 지도방법이다. 이렇게 해서 눈에 보이는 유형의 효과를 금액으로 표시하고, 무형의 효과까지 기록한 뒤 마지막으로 소감을 적는 것으로 보고서를 마무리하면 된다. 그렇게 제출한 심스보고서는 심사 후 예선을 통과한 것을 발표회에서 작성자가 직접 발표한다.

심스보고서 심사의 핵심은 현장에서 이루어진다는 점이다. 회의실에서 서류로만 보면 제대로 알 수가 없다. 그림으로만 그럴듯한 것인지, 실제로도 효과가 있는 것인지 말이다. 현장에서 직접 개선책을 구현하고 활용할 수 있는지를 확인하는 것이 중요하다. 그러다 보면 공장 1층부터 3층까지를 몇 번씩 오르락내리락하면서 제안자에게 여러 가지 코멘트를 해주고 조언하게 된다.

옆에서 같이 따라다니는 임직원들이 자기들은 다리도 아프고 허리도 쑤시는데 괜찮으냐며 걱정을 하곤 하는데, 나는 보물찾기를 하듯이 재미있었다. 그리고 직원들도 점차 이 재미를

심스 개선보고서

테마명 :	팀명 :

7가지 낭비 : 과잉제조/기다림/운반/가공/재고/동작/불량

현상의 문제

포인트
· 발생하고 있는 문제가 데이터 그래프로 정리되어 있는가?
· 문제가 7가지 낭비로 정리되어 로스는 정량적으로 계산되어 있는가?

분석

포인트
· '왜'를 5번 반복하여 근본적인 원인을 찾아냈는가?

목표

포인트
· 목표의 근거가 명확하고 납득성이 있는가?

대책

포인트
· 대책 전의 예상과 대책 후의 결과는 문제 없었는가?
· 문제가 있었다면 해결되었는가?
· 발생했던 비용은 정량적으로 계산되어 있는가?

효과

포인트
· 목표와 비교해서 달성도를 확인했는가?
· 효과금액으로 산출이 잘 되었는가?
· 실제의 효과(노무비, 경비)가 나타나고 있는가?

종합

포인트
· 이번 활동이 좋았던 점, 나빴던 점을 명확하게 기술했는가?

알아가고 있다. "여기도 낭비가 있었네? 이거 찾았네? 저거 찾았네?" 하면서 재밌어하는 것이다. 소모품을 절약하면 직원들이 위기를 느끼지만, 이렇게 낭비를 제거하면 직원들이 즐거워한다.

아침 먹고 점심 먹은 것은 일이 아니다

그리고 산덴은 이 낭비제거를 위해 필요한 도구들을 자체적으로 개발해나가고 있다. 즉 안에서 쓰는 설비, 간단하지만 아카기 공장에서만 쓸 수 있는 도구를 직접 만드는 것이다. 예를 들면 이렇다. 일본의 한 업체가 생산혁신을 아주 잘했다고 해서 공장을 견학한 적이 있다. 그때 보니까 전자장비에 들어가는 PCB 기판을 옆의 공정으로 보내는 데 '주판'을 활용하고 있었다. 주판이 곧 컨베이어 역할을 한 셈이다.

또 다른 사례로 산덴에서도 드라이버를 사용한 뒤 놔두는 드라이버 꽂이를 페트병을 활용해서 직접 만들었다. 그러면서 직원들이 재미있어하고 "이렇게 하면 좋겠다. 저렇게 하면 좋겠다." 하면서 많은 아이디어를 제안했다. 물론 시판되는 것에 비하면 다소 허접하겠지만, 스스로 만든 것과 사다 쓰는 것은 애착부터 다르다.

직원들은 매일 똑같이 반복되는 지루한 작업만 하는 것이 아니고, "오늘은 여기를 개선해봐야지. 그리고 저것도 한번 바꿔봐야지." 하면서 스킬이 올라가고 노하우가 쌓이는 것을 체감한다. 그러면 실제로 점점 더 멋있는 작품들이 만들어진다. 초기에 산덴에서 만들었던 장난감 같은 설비들과 비교하면 지금은 엄청나게 발전된 도구들을 자체적으로 만들어 사용한다. 그것도 많은 일을 하면서 짬짬이 시간 날 때 개선활동을 하는 것이다.

그러니까 나는 이 짬짬이 시간 날 때 하는 그것이 진짜 '일'이라고 생각한다. 아무리 일이 뭔지 모르는 사람도 아침 먹고 점심 먹은 것을 가지고 '일했다'고 하지는 않는다. 아침 먹고 점심 먹는 그사이에, 그리고 점심 먹고 저녁 먹는 그사이에 부가가치를 만들어낸 것, 바로 그것이 일이다.

인간이 죽지 않으려고 밥을 먹듯이 회사도 죽지 않으려고 일을 한다. 죽지 않으려고 매일 똑같이 반복하는 일은 밥을 먹는 행위와 마찬가지다. 어제 한 일과 오늘 한 일 중 오늘 뭔가 좀 더 개선되고 나아졌다면, 그것이 회사나 본인에게 부가가치가 있고 보람 있는 일일 것이다. 즉 어제와 똑같이 생산하는 것은 '밥을 먹는 것'이라는 개념을 이해하면 개선이 무엇이고 뭘 해야 하는지 감이 잡힐 것이다.

어제보다 좋아진 것, 어제와 달라진 것은 뭘까? 어제보다 1대 더 만들기 위해서 짬짬이 개선해서 적용했을 때 2대가 더 나왔다. 이게 바로 일이다. 어제 열심히 해서 20대 만들었고 오늘도 20대 했으니 일 다 했다? 이것은 밥을 먹은 것이지 일한 것이 아니다. 내가 생각하는 일이란, 밥 먹는 것 이외에 부가적으로 가치를 생산해내는 것이다. 반드시 해야 하는 것 이외에 플러스 알파가 있어야 혁신이 있고 발전이 있다.

구체적인 평가표로 '낭비 찾는 눈'을 키워주어라

드디어 1회 심스발표회 날이 왔다. 다들 처음 하는 발표라 주임이나 반장급의 고참 사원들인데도 많이 긴장한 듯했다. 보는 내가 다 안타까울 정도로 마이크를 잡은 손이 덜덜 떨리는 사람도 여럿 있었다. 아무리 경력이 많은 사원이라 해도 사장과 공장장, 간부들이 다 모인 자리에서, 더욱이 생판 처음 보는 내 앞에서 한 번도 해본 적 없는 발표를 하려니 그럴 만도 했다. 그 모습이 약간 웃기기도 했지만 다들 긴장하고 있어서인지 웃는 사람은 아무도 없었다.

한 사람씩 발표가 끝날 때마다 내가 제일 먼저 강평을 하고 그다음에 모리 사장, 쿠보타 공장장 순으로 강평을 해나갔다.

그런데 모든 발표가 끝난 후에도 심사위원들은 좀 막막했다. 수준이 너무 낮아서 이걸 어떻게 평가하고 누구에게 상을 주어야 할지가 고민되었기 때문이다. 하지만 처음이니 아주 작은 것도 크게 칭찬하고 포상하기로 했다. 어쨌든 초반에는 의욕적인 분위기를 만드는 것이 우선이기 때문이다. 그래서 지금 같아서는 예선탈락 수준밖에 안 되는 제안 중에서 고르고 골라서 최우수상, 우수상을 시상했다.

심스활동은 발표만큼이나 평가의 객관성도 중요하다. 평가표도 숫자로 표기하게 되어 있다. 100점 만점으로 유·무형 효과, 실현성, 노력도 등으로 계산하는데, 현장에서 개선내용을 직접 보면서 심사위원들이 협의해 평가한 뒤 최우수상, 우수상 등으로 나누어 시상한다.

조금 더 구체적으로 살펴보면, 유형효과 점수는 효과금액이 1,000만 엔 이상이냐 이하냐, 500만 엔 이상이냐 이하냐에 따라 채점하고, 무형효과도 점수가 매겨진다. 또한 실현성 면에서 수정해서 사용할 수 있는지, 수정 없이 곧바로 사용할 수 있는지에 따라, 시간을 별로 들이지 않고 바로 사용할 수 있는지를 채점한다. 활용도 면에서도 공장 전체에 활용할 수 있는지, 타부서에서도 활용할 수 있는지, 자기 분야에서만 사용할 수 있는지를 평가하고, 노력도 역시 얼마나 노력해서 만들어낸 제

식스 심사평가표

팀명 :　　　　　　심사자명 :

항목			가중치	내용				평점
				40~31	30~21	20~11	10 이하	
효과	유형효과 (투자 대비 효과)		40	1,001만 엔 이상	1,000만 이하 ~501만 이상	500만 이하 ~101만 이상	100만 이하	
	무형효과		10	대단히 크다 10~8	꽤 크다 7~5	크다 4~3	보통이다 2 이하	
대책	실현성	변경수정	10	수정변경 없음 10~8	일부 수정변경 7~5	반 이상 수정변경 4~3	대폭 수정변경 2 이하	
		난이도	10	즉각 실시 가능 10~8	수정변경 후 실시가능 7~5	수정 재확인 후 실시가능 4~3	실시 어려움 2 이하	
효과분석	수평전개		10	공장 10~8	타부문 7~5	자 부문 4~3	타 공정 2 이하	
	노력도		10	엄청난 노력 10~8	상당한 노력 7~5	꽤 노력 4~3	약간의 노력 0	
참가자/ 지원자	가감	직위 또는 근속년수	-3	16년 이상 (조장) -3	11~15년 (조장) -2	6~10년 (리더) -1	5년 미만 0	
		간접부문 지원도	-7	전면 지원받음 -7	반 좀 지원받음 -4	일부 지원받음 -2	약간 어드바이스 받음 0	
		개선사례 모방도	-5	그대로 모방했음 -5	반 좀 모방했음 -3	약간 모방했음 -1	모방하지 않았음 0	

안인지를 판단한다.

여기에 감점요인도 있는데, 근속연수가 많다든가 조장이라면 마이너스 점수가 있다. 또한 자기 스스로 한 노력이 아니고 다른 사람의 도움을 얼마나 많이 받았는지, 남의 개선사례를 흉내 냈는지에 따라서도 차등을 두었다. 설문조사를 해본 결과, 산덴 구성원들은 이 평가기준이 상당히 공정하다고 생각하고 있었다.

발표가 끝난 후 1시간가량 심사를 하고, 일과가 끝나자마자 시상식을 했다. 발표자들과 수고한 직원들, 참관한 임원, 간부 등 100여 명이 직원식당에 모여서 간단한 다과를 차려놓고 즐거운 분위기에서 시상했다. 첫 발표 때는 다들 어색해하고 쑥스러워했지만 회를 거듭할수록 발표자들도 여유가 생겼고, 발표 자체를 즐기게 되었다. 나중에는 다들 깜짝 놀랄 정도로 수준 높은 제안들이 계속 쏟아져 나왔다.

이렇게 탄생한 스타 직원들은 업무도 좀 더 애착을 갖고 들여다보고, 웃는 얼굴과 자신감으로 주위를 밝혀나가고 있다. 심스활동 초기에는 이런 활동을 낯설어하고 귀찮아하는 직원들을 위해 매달 '이달의 주제'도 정해주어 그 부분에 집중해서 낭비를 찾는 눈을 키우도록 했다. 그렇게 조금씩 직원들의 수준에 맞추어 레벨을 높여나가는 식으로 서서히 낭비제거 활동의 수준을 끌어올렸다. 쿠보타 공장장은 이 심스활동을 계기로 아카기 공장이 대대적으로 변화했다고 평했다.

"지도회를 시작하고도 한동안은 개선을 해보려는 분위기가 형성되지 않았어요. 웬만해서는 자발적으로 개선하려는 의지를 갖추기 힘들었죠. 그런데 심스활동을 하면서 작은 개선책이라도 칭찬받고, 조언을 받는 일이 반복되면서 조금씩 바뀌기 시작했습니다. 처음에는 많이 어색해하고 긴장하던 직원들이 지금은 웃는 얼굴로 발표를 하고, 그 수준도 굉장히 올라갔죠. 우리의 혁신활동 가운데 심스야말로 가장 핵심적인 것이라고 생각합니다."

비용 절감 50억 원, 유형 효과 100억 원

직원들의 표정이 밝아지고 눈빛에 자신감이 붙기 시작하면서 성과도 나기 시작했다. 활동을 시작한 지 2년여가 지난 2019년 기준 심스활동으로 인한 비용절감 효과 금액이 50억 원에 이른다. 상금이나 인센티브로 들어간 비용 3억 원 정도를 제하더라도 엄청난 이익이다. 그리고 이것은 올해에 생산하면 올해에 플러스되고, 내년에 생산하면 내년에 플러스가 되니, 공장이 성과가 나지 않을 수 없다. 무엇보다도 중요한 것은 50%라는 숫자에 겁을 내던 산덴 구성원들이 이제는 70% 이상의 절감 목표에도 도전해나가고 있다는 사실이다.

2020년 3월 이후 코로나19로 인해 직접 일본에 가서 지도하지 못했다. 대신 매달 유선이나 화상으로 지도를 하고 있다. 하지만 산덴에서는 모리 사장과 공장장을 중심으로 지도회가 아닌 '연구회'라는 이름으로 중단 없이 활동을 지속하고 있다.

심스활동을 개시한 이래 2021년 9월 말까지 3년 동안 직원들은 1,000건 이상의 제안을 제출하고 발표했다. 그중에서 76건의 최우수 제안이 시상되었고, 100억 원이 넘는 유형효과를 창출했다. 또한 이러한 유형효과보다 더 소중한 것은 산덴 직원들이 낭비에 대해 배우고, 현장에서 찾아서 고치고, 개선한 것을 즐겁게 발표하면서 수십 년 동안 어두웠던 회사 분위기가 밝아졌다는 사실이다. 직원들이 더 많이 웃고 자신감을 보이니 동료 간, 부서 간의 협력과 화합도 좋아졌다.

2021년 10월 1일 회사 창립기념일에는 '낭비 절감 금액 100억 원 돌파'를 기념하여 그동안 심스활동을 통해서 회사에 공헌한 우수직원들을 포상했다. 그 주인공들은 심스에 대한 소감을 다음과 같이 얘기했다. 참고가 될 만한 소감을 여기에 소개한다.

"처음 발표했을 때 최우수상을 받았던 것이 제일 기억에 남고 여러 분야에 대한 다양한 도전을 할 수 있어 자기 성장에 큰 도움이 되었습니다. 앞으로도 멤버들과 힘을 모아 일하기 좋은 직장

으로 만들어 회사에 공헌하고 싶습니다." - 제조 7년차 오오쿠보

"오랜 기간 낭비인 줄도 모르고, 당연히 해야 하는 것으로만 알고 해왔던 것을 제거했을 때가 가장 기억에 남습니다. 심스활동은 낭비 작업, 중복된 작업 등을 제거하고 개선할 수 있는 좋은 기회였고, 앞으로도 보다 철저하게 낭비제거 활동에 도전하겠습니다." - 제조 29년차 오오하시

"김 고문님(당시 나는 롯데알미늄 고문으로 재직 중이었다)으로부터 여러 가지 개선방법이나 생각하는 법을 배운 것이 유익했습니다. 개선하고 난 후 회사로부터 고맙다는 얘기도 듣고, 스스로도 기쁘고 대견스러웠습니다." - 제조 6년차 쿠라타데

"자동판매기 포장개선으로 두 번이나 최우수상을 받고 '포장개선은 아베'라고 모리 사장님이 기억해주신 게 제일 기억에 남습니다. 심스활동은 생산을 방해하는 모든 낭비를 철저히 제거하게 해주었습니다." - 제조 14년차 아베

"내가 제안한 개선방안을 동료들과 함께 성공시켜 큰 성과가 나왔을 때 대단히 기뻤습니다. 심스활동 덕분에 매일매일 일에 흥미를 갖고 스스로 분석하고 개선해나가는 능력이 몸에 뱄습니

다." - 제조 11년차 사이또(셀리더)

"타부서와 협력하여 현장의 문제점을 개선해 성공시킨 것이 기억에 남습니다. 혼자서는 할 수 없는 개선이라도 모두의 의견을 모아 생산성을 올리고 작업을 쉽게 할 수 있었습니다." - 제조 9년차 야마다

"모리 사장님께 인정받았던 것이 제일 기억에 남습니다. 심스활동은 낭비에 도전하여 성과를 내고, 스스로 성취감을 느끼며 성장시켜줍니다." - 제조 29년차 다케우치

"개선했을 때 동료들로부터 고맙다고 감사의 말을 들었을 때가 가장 기억에 남습니다. 심스활동은 낭비가 생각나거나 눈에 띄면 즉시 행동하고 즉각 개선하되 즐겁게 하는 활동입니다." - 제조 15년차 가바사와

그밖에도 많은 수상자가 회사의 발전과 이익에 더욱 공헌하겠다고 얘기했다. 이처럼 심스활동의 주인공들과 개선사례들은 앞으로도 산덴의 귀중한 자산이 될 것이다. 돈으로는 절대 환산할 수 없는 것이기 때문이다.

산덴은 앞으로도 심스활동을 더욱 활발하게 지속할 것이고,

보다 더 많은 주인공들이 탄생하고 엄청난 개신효과를 거둘 것 이라고 기대하고 있다.

모든 것을 '돈'으로
표시하라

09

내가 경험한 혁신이라는 것은 자전거 타기와 똑같다. 페달을 계속 밟아주지 않으면 자전거가 넘어지듯이 한번 시작한 혁신은 계속해서 앞으로 나가야 한다. 그런데 자전거에 앞바퀴가 있고 뒷바퀴가 있듯이, 혁신에도 두 바퀴가 필요하다. 조직혁신이 앞바퀴이고, 낭비제거가 뒷바퀴다. 세계에서 낭비제거를 제일 잘한다는 도요타에서도 자기네 현장에서의 낭비적 요소를 1:300이라고 얘기한다. 즉 부가가치 있는 일이 1이라고 할 때, 그것을 둘러싼 낭비요소가 아직도 300이나 남아 있다며, 마른 수건도 더욱 짜자고 스스로를 채찍질한다.

예를 하나 들어보자. 집에서 전동드라이버로 나사못을 하나 박으려고 한다. 왼손으로 나사못을 하나 집어 와서 박을 곳에다 대고, 오른손으로 전동드라이버를 들고 드라이버 팁을 나사못 위에 갖다 댈 것이다. 나사못 위의 십자 홈에 드라이버 팁이 정확하게 물려 있는 것을 확인하고 전동드라이버의 스위치를 당기면 드르륵 하는 소리를 내면서 나사가 박힌다. 이때 도요타에서는 이 드르륵 하는 소리가 난 그 시간만이 부가가치 있는 일이고 나머지는 낭비라고 여겨 개선하려고 노력한다는 뜻이다. 상식적으로 나사를 하나 박으려면 당연히 해야만 하는, 어떻게 보면 필수적이라고 볼 수밖에 없는 그 동작들조차 혹시 개선할 부분은 없을까 하면서 관찰하고 개선한다는 것이다.

이러한 도요타와 비교할 때 일반적인 회사의 평균적인 낭비가 5,000이라고 하니, 도요타의 300과 일반적으로 잘 나가는 회사의 5,000이라는 차이가 결국 경쟁력의 차이라고 볼 수 있다. 만일 지금이라도 잘 나가고 있는 회사가 낭비제거를 열심히 하여 2,500 정도나 1,000 이하의 회사가 될 수 있다면 그 회사는 엄청난 경쟁력을 갖추게 되고 지금보다 훨씬 더 많은 이익을 확보할 수 있다.

이것이 바로 낭비제거 활동을 필사적으로 해야 할 이유다. 산덴은 심스라는 낭비제거 활동을 시작한 지 3년 만에 10억 엔, 즉 100억 원 이상의 이익증대 효과가 나타났고 앞으로 생산량이 늘면 늘수록 효과금액은 더 커질 것이다. 이렇게 아무도 모르는 곳에 감춰져 있는 조직과 현장의 낭비를 제거하지 않고 '혁신'만 하려다 보면, 비용만 늘어날 뿐 체감할 수 있는 효과를 기대하기 어렵다. 혁신을 하는데 회사가 더 어려워지는 꼴이 되는 것이다.

그런데 안타깝게도 대부분의 회사들이 낭비제거를 절약과 혼동하는 경우가 많다. 낭비제거라는 말이 너무 막연하고 제대로 해본 경험도 없다 보니, 제일 먼저 소모품을 줄이고 경비를 안 쓰거나 아끼는 것만이 낭비제거라고 생각한다. 그렇다면 직원들은 이것을 어떻게 받아들일까?

당장 눈앞에서 복사용지가 줄어들고, 연필도 줄어드는 모습을 보면, "그래, 소모품을 줄여야 마땅하지. 우리도 소모품 아끼는 데 동참하자."라고 할까? 아니다. 그보다는 "우리 회사가 정말 어려운가 보다. 이런 사소한 것까지 줄일 정도면 곧 큰일 나겠는데…?" 하며 오해하고 불안해할 것이다. 경영진은 불필요한 낭비를 줄이고 아껴서 잘해보자는 의도였음에도 직원들은 위기상황으로 받아들이기 쉽다. 이렇게 직원들을 불안하게 만드는 혁신은 안 하느니만 못하다. 그렇다면 어떻게 구석구석에 숨은 낭비를 찾아 제거해나가야 할까?

1초는 8.7원, 1m 한 걸음은 6원

나는 모든 개선작업의 효과를 '돈'으로 표시하라고 지도한다. 즉 정량화가 중요하다. 몇 걸음을 걸어서 얼마의 시간이 걸렸고 얼마나 손해 혹은 이익을 보고 있는지 등을 숫자로 표시하는 '보이는 관리'를 해야 한다. 그렇게 해서 '활인(活人)'을 얼마나 하고, '활스페이스'를 얼마나 할 것인지 계획을 추진하는 것이 필요하다.

일본 캐논에 가보면 "1초(秒)의 시점(視点)"이라는 슬로건이 곳곳에 걸려 있다. 즉 20cm 앞에 있는 부품을 집을 때 1초가 소요되고, 한 걸음 걸을 때마다 0.8초가 소요되며, 몸을 90도 돌려서 물건을 집어오면 0.6초가 걸린다는 것이다. 이런 기준으로 각 공장의 초당 임율을 곱하여 낭비를 돈으로 환산한다.

낭비를 줄이는 방법 중 가장 기본적인 것은 사람과 공간을 줄이는 것이다. 그런데 무조건 인원을 줄이기만 하는 '성인화(省人化)'보다는, 그 줄인 사람을 부가가치 있는 쪽에 활용하는 '활인화(活人化)'가 더욱 중요하다. 활인화란 활인된 인원을 적재적소로 보내 활용한다는 뜻이다. 여기서 중요한 것은 활인을 하기 위해서는 더욱더 노력해야 한다는 것이다.

낭비제거를 하다 보면 0.8명 또는 0.9명이 절감되었다는 발표를 종종 본다. 0.8명이든 0.9명이든 0.99명이든 엄밀히 얘기하면 1명은 아니다. 즉 활인을 할 수가 없다는 뜻이다. 따라서 좀 더 신중하게, 좀 더 깊숙하게 파고들어 완벽한 1명이 될 수 있도록, 즉 1명 단위로 활인이 되는 것을 목표로 해야 한다.

만약 1명분의 활인에 성공하여 그 공정의 작업이나 어떤 업무에서 1명을 빼야 할 경우 반드시 그 안에서 챔피언을 빼도록 해야 한다. 이것은 대단히 중요한 문제다. 조직의 활성화나 생산성 향상, 그리고 집단 사기를 위해서 꼭 지켜야 한다. 산덴에서도 나는 기회가 있을 때마다 이것을 강조해왔다.

흔히 인원을 빼거나 차출해야 할 경우, 또는 타부서에서 일손이 필요해 전보시킬 경우 대부분은 자기가 데리고 있는 직원 중에서 최하위 성과자를 내보낸다. 그런데 이것이 공공연해지면 이러한 행위들이 벌어질 때마다 '아! 저 친구는 인정받지 못하는 친구구나' 하는 시선이 쏟아진다. 그러면 타부서로 가는 사람이나, 그를 받는 부서나 모두 언짢아진다.

또 한 가지의 부작용은 그 하위 성과자로 인해 용케 숨어 있던 차하위 성과자가 '아! 다음은 내 차례구나' 한다는 것이다. 그러면 그는 그나마 마지못해 하던 일손도 놓아버리고 불안해한다. 그런 일이 계속되면 조직은 악순환에 빠진다. 그런데 가장 잘하는 사람, 즉 챔피언이 발탁되면 선순환이 시작된다. 그는 어디에 가든 일을 잘하는 사람이고 이미 자신감이 충만해 있기 때문에 가는 사람도 받는 사람도 행복하다. 그리고 조직 내에서 챔피언으로 인해 그동안 가려졌던 2인자가 드디어 챔피언이 될 기회를 얻고, 그러면 그는 더 열심히 한다. 만약 여러분의 팀이나 조직에 활인의 기회가 생긴다면 과연 어떻게 하겠는가? 다시 한번 고민해보기 바란다.

이것을 반드시 실천하기 위해서는 사장, 공장장, 부서장이 평소에 챔피언이 누군지를 잘 알아두어야 한다. 그래야 활인 기회가 생겼는데도 팀에서 챔피언을 내놓지 않을 때 "그 ○○

ㅇ 챔피언 내놓으세요!" 하고 자신 있게 얘기할 수 있다. 누구나 자신이 데리고 있는 팀원 중에 일을 가장 잘하는 팀원은 다른 곳으로 보내기 싫다. 하지만 팀에서 챔피언을 계속 육성하고 필요할 때마다 내어놓는 멋진 간부가 많을수록 멋진 회사가 될 것이다. 따라서 활인이란 윗사람의 막강한 권한행사가 꼭 필요한 부분이면서 또한 조직을 계속 발전시키고 선순환시킬 수 있는 아주 소중한 기회다.

그리고 절대로 공간을 넓게 써서는 안 된다. 공장이 크다고 공간을 넓게 사용하다 보면, 동작의 낭비, 기다림의 낭비 등 여러 가지 낭비를 발생시킬 뿐만 아니라, 결국에는 그 공간마저 부족하다며 2공장, 3공장을 짓게 되는 거대한 낭비가 발생한다. 2평짜리, 5평짜리 화장대가 없듯이, 공장의 공간도 화장대나 냉장고처럼 컴팩트해야 한다. 즉 활인을 하듯이 활스페이스를 해야만 평당 효율이 높아지고, 돈을 벌 수 있다.

그런데 명동의 1평과 시골의 1평은 땅값이 다르듯이 회사마다 사정이 다르기 때문에 각자 자사에 맞는 기준을 정하는 것이 필요하다. 산덴의 경우, 시간은 인건비를 기준으로, 공간은 임대료를 기준으로 해서 금액을 산정했다. 따라서 1분은 520원에 해당하고, 1초는 8.7원, 면적은 하루에 $1m^2$당 260원, 1m 한 걸음은 6원에 해당한다. 물론 이 기준이 절대적인 것은 아니고,

다시 말하지만 회사마다 다르다. 1년을 기준으로 해서 인건비나 임대료 등이 많이 변동하면 거기에 맞추어서 바꾸면 된다.

핵심은 1년 동안 같은 기준치를 적용해서 개선효과를 돈으로 표시하라는 것이다. 조금 더 추가하자면 산덴은 시간단위 표기를 'DM'으로 바꾸었다. 1분은 100DM으로, 시간단위를 좀 더 세분화해서 아주 사소한 낭비까지 개선하기 위해서 그렇게 바꾸었다.

대형마트처럼 '보이는 관리'를 하라

나는 모든 물건은 '보이는 관리', 즉 스토어 관리를 하라고 지도한다. 대형마트의 매장을 생각하면 이 개념을 이해하기 쉽다. 마트에 가서 설탕, 간장, 라면 등을 살 때 단말기를 두드려서 찾는 사람은 없다. 처음 가는 사람도 한번 둘러보면 바로 찾을 수 있게 진열해 놓았다. 그런데 대부분의 공장에서는 물건을 모두 창고에서 관리한다. 즉 창고에다 물건을 가둬놓고 전표를 가지고 오면 하나씩 내어준다.

왜 그렇게 할까? 여러 이유가 있겠지만, 핵심은 직원을 못 믿기 때문이다. 예전에는 노예나 죄수들을 데려다가 작업자로 부린 시절도 있었으니 혹시라도 직원들이 훔쳐갈까 봐 창고에다 열쇠를 채워놓고 '지키는 관리'를 하는 것이다. 그런데 모든 직원을 불신하면서 창고 직원은 어떻게 믿는단 말인가. 과거에 아주 어려웠던 시절에는 몇몇 직원들이 부품을 가져다 파는 경우도 있었다. 그런데 21세기가 시작된 지 한참 지난 지금, 언제까지 그 시절의 잣대로 직원들을 판단하고, 과거의 관습대로 관리하려 하는가?

나는 캐논코리아 안산 공장 시절부터 창고를 없애고 필요한 사람이 직접 부품을 가져다 사용하게 만들었다. 그랬더니 견학 온 사람들이 물건이 없어지면 어떻게 하느냐며 걱정하는 것이다. 그때 나는 "부품 한두 개 없어지는 것보다 직원을 믿어서 보는 이익이 더 많습니다."라고 답했다.

"바쁘면 부품 가져갈 생각을 못 합니다. 한가하니까 딴생각, 엉뚱한 생각을 하는 거지, 일이 바쁘면 그런 생각을 할 시간조차 없죠. 그리고 만에 하나 가져갈지도 모르니 쌍심지를 켜고 직원을 감시하는 게 이득일까요? 그런 살벌한 관리보다 혹시 가져가는 사람이 있을지 몰라도 나머지 구성원들을 믿고 일하는 게 회사 전체로 봐서도 훨씬 득이 큽니다.

못살던 시절에는 화장실 비누나 화장지, 장갑 등을 가져가던 사람도 있었지요. 구성원 한두 사람이 혹시 가져갔을지도 몰라요. 하지만 그 사람도 필요하니까 가져갔겠죠. 모든 직원이 회사 물건을 가져가지는 않습니다. 상습적으로 도둑질하는 사람은 결국 걸리게 되어 있어요. 그런 나쁜 사람 한두 명 때문에 선량한 전 직원을 의심하고 그것을 관리하려고 하면 그 관리비용이 더 큽니다. 1만 원짜리 부품 3개가 없어지면 3만 원이지만, 그걸 감시하기 위해서 한 사람을 두면 한 달에 300만 원이 날아가는 거예요. 3만 원이 많습니까? 300만 원이 많습니까?"

물건을 창고에 쌓아두는 것, 담당자가 단말기를 두드려서 찾아 전해주는 것 모두 낭비적 행위다. 일단 직원을 신뢰하기만 하면 이러한 낭비는 쉽게 제거할 수 있고, 그 방법으로 나는 스토어와 냉장고 방식의 관리 시스템을 추천한다. 이 시스템의 핵심은 '보이는 관리'다.

그동안에는 업체에서 받은 모든 물건을 보이지 않는 창고에 쌓아놓고 담당자가 꺼내주었다. 그러다 보니 현장에서는 부품이 필요해도 가져다주지 않으면 결품이 되어서 라인이 멈춰버리는 일이 빈번했다. 그런데 마트에서처럼 어떤 물건이든지, 그게 부품이든 공구든 보이는 곳에 누구나 쉽게 찾을 수 있게 진열해놓으면 필요한 사람 누구라도 아무 때나 필요한 양만큼 가져다 쓸 수 있다. 화장실 갔다 오면서, 점심 먹고 잠시 '스토어'에 들러서 필요한 물건을 직접 가져가면 된다. 대신 스토어에는 현장에서 바로 쓸 수 있게끔 일정하게 재고가 있어야 한다. 결품이 생기면 작업을 할 수 없고, 너무 많아도 비용의 낭비가 발생하니 언제나 최적의 재고 상태를 유지해야 한다. 물건을 지키는 관리에서 현장이 제대로 돌아갈 수 있게끔 지원해주는 관리로 바뀐 것이다. 그리고 나는 이것이야말로 진정한 '관리'라고 생각한다.

개인 냉장고와 일일 현장체험

그렇다면 현장직원들은 스토어에서 가져온 물건을 어디다 놓을까? 마트에서 장을 봐 오면 냉장고에 넣듯이, 작업자들 옆에도 '냉장고'들이 비치돼 있다. 그렇다고 현장에 진짜 냉장고가 있다는 게 아니라, 냉장고의 역할을 하는 각자의 개인 부품대가 있다는 말이다. 그리고 이 냉장고에 무엇을 얼마만큼 넣을지는 각자가 알아서 하면 된다. 회사에서 2일치 넣어라, 3일치 넣어라 하고 정해주는 것이 아니라, 자신이 필요한 만큼 스토어에서 가져다 쓰고, 또 필요하면 잠시 들러서 채워 넣으면 된다. 냉장고에 하루치를 넣는 사람이 있고, 일주일치를 넣는 사람이 있듯이 말이다.

그런데 개인 냉장고가 무한정 클 수는 없으니 냉장고에 무엇을 넣을지 기준은 필요하다. 스토어에서 직접 가져올 수 있는 작은 것과 바로 사용하는 것을 냉장고에 넣는다면, 무겁고 큰 물건은 '피킹'이라고 하는 삭업을 통해 배달받으면 된다. 한 가지 주의할 점은 이 피킹이라는 업무도 부가가치가 없는 일종의 운반업무이므로 가급적 하나둘씩 없애나가야 한다.

그런데 그때그때 필요한 부품을 가져다 쓰려면 스토어가 최대한 작업자 옆에, 가까이에 있어야 한다. 이때 필요한 것이 바로 앞에서 이야기한 '바퀴'다. 스토어에 있는 선반들에 바퀴를 달아놓으면 누구라도 쉽게 움직일 수 있다. 산덴에서는 쉽게 할 수 있는 일들은 타 업체에 의존하기보다는 내부에서 스스로 만든다. 생산본부의 간접부문 직원들이 현장을 체험하는 '일일 실천회'를 통해 대차에 바퀴를 달거나 파이프 선반을 만드는 등 바쁜 현장을 지원해주기도 한다.

제조현장은 항상 일손이 모자라서 쩔쩔 맨다. 그래서 머릿속으로는 이것도 해야지, 저것도 해야지 생각하다가도 생산이 바빠서 그냥 하지 못하고 넘기는 일들이 꽤 많다. 이런 제조현장의 애로사항을 도와주고 일일 현장체험을 하는 것이 간접사원들, 사무직 사원들로 구성되는 '일일 혁신 당직 실천회'다. 매일 각 부서에서 순번을 정해 하루 3~4명이 참가한다.

산덴의 경우에는 한 사람이 1년에 2번, 즉 이틀 동안 현장체험을 한다. 일과 시작에 맞추어 현장으로 가면 공장장이 일일 실천회에 대한 취지와 협조사항을 알려주고 곧바로 현장에서 필요로 하는 일들을 돕는다. 제조나 조립작업 등 정규작업에 투입되는 것이 아니라 대차 만들기, 바퀴 달기, 레이아웃 변경하기, 물건 옮기기 등 다음 날 필요한 일들을 도와주는 것이다. 이러한 활동을 하고 나면 간접부문 직원들은 현장을 좀 더 잘 이해하게 된다. 그래서 본연의 업무로 복귀하면 현장의 애로사항을 더 적극적으로 해결하려고 노력한다. 일반적으로 작업현장은 폐쇄적이고 보수적이라 현장과 관련이 없는 일반 사무직 직원들은 출입을 꺼린다. 현장을 구경조차 못 해본 지원들도 의외로 많다. 이러한 일일 실천회는 자사 제품이 어떻게 만들어지는지를 눈으로 보고, 싸고 좋은 제품을 빠르게 만들기 위해 동료들이 얼마나 고생하는지를 알게 되는 좋은 기회다.

이제 산덴 구성원들은 낭비를 제거하는 일이 힘들고 괴로운 게 아니라, 일단 '내가 편해지는 일'이라는 것을 충분히 이해한다. 생각해보라. 종종걸음 치거나 쓸데없는 행동을 안 하게 동선만 최적화해도 피로도는 상당히 낮아진다. 복사기까지 가는 데 이제까지는 1분 걸렸는데 10초 만에 갈 수 있다면 그만큼 몸도 편해질뿐더러 50초나 절약된다. 그리고 이 시간만큼 다른 것을 할 수 있다. 게다가 회사라는 곳은 많은 인원이 모여 있다. 한 사람이 1분씩만 절약하더라도 300명인 집단은 하루에 300분이 절약된다. 300분이면 5시간이고, 5시간씩 24일 일한다면 몇 명분의 일을 더 할 수 있다. 이렇듯 낭비제거는 직원들을 육체적으로 편하게 해줄 뿐만 아니라 남는 시간에 다른 일을 할 수 있는 계기를 마련해준다. 쓸데없는 일로 바쁘지 않도록 낭비를 제거함으로써 어제와 다른 부가가치를 만들어낼 수 있다.

나는 "죽은 돈과 산 돈을 구분하라."는 말을 자주 한다. 살아 있는 돈은 5,000만 원을 써도 좋고 1억 원을 써도 좋다. 하지만 죽은 돈은 단돈 1원도 쓰면 안 된다. 뒤에서 자세히 이야기하겠지만 탈의실 개조처럼 직원들을 위한 일이라면, 그것이 '산 돈'이라면 얼마가 들어도 써야 한다. 그런데 직원들을 위하는 일이라 할지라도 '죽은 돈'이라면 한 푼도 쓰지 말아야 한다. 그건 오히려 역효과를 낼 뿐이기 때문이다.

그렇다면 '산 돈'과 '죽은 돈'은 어떻게 구별할까? 회사가 돈을 썼을 때 "왜 나는 안 줘?", "뭐 이런 걸 가지고 돈을 쓰고 있어?" 하는 경우, 그리고 지출의 결과로 사내에 불협화음이나 불평불만이 나오면 그건 '죽은 돈'이다. 반대로 "이건 생각지도 못했는데 고맙다.", "이런 것까지 세심하게 챙겨주다니!" 하는 것처럼 직원들의 마음을 움직이게 하는 돈은 '산 돈'이다.

경영은 쉽게 말해서 최소한의 '인풋'으로 최대의 '아웃풋'을 창출하는 일이다. 즉 돈과 인원을 적게 쓰고 성과가 많이 나면 날수록 잘한 것이다. 그러니 인풋에서 아웃풋까지의 과정에 낭비가 끼어 있다면 반드시 제거해야 한다.

대부분의 낭비제거는 인풋이나 아웃풋에 대한 낭비보다는 그 과정에 있는 낭비, 즉 제조 과정에서의 낭비에만 집중하려는 경향이 있다. 문제는 컨베이어 생산현장에서의 공수라는 게 대개 1~2분 정도밖에 안 된다는 것이다. 그러니 그 공수에서 낭비를 제거하라고 해봐야 1~2초밖에 못 한다. 수많은 회사가 낭비제거 활동이 시작할 때 처음에는 조금 진전이 있다 싶다가도 정체되거나 쇠퇴하는 이유다. 작업자가 가지고 있는 권한이 1~2분뿐인데, 돈 주고 TQC 활동을 하라니까 잠깐은 뭔가 나오는 것처럼 보이지만, 몇 가지 하고 나면 더 할 게 없다.

TQC가 안 되는 이유

사실 TQC라는 게 현장직원들의 아이디어가 많이 나와야 하는데, 컨베이어에 매달려서 화장실조차 마음대로 못 가게 하거나, 손발 다 묶어놓고 머리도 못 쓰게 하면서 아이디어를 내라고 하니 애초에 가당치 않은 일이다. 그런데도 회사는 "왜 아이디어를 안 내나", "돈 준다는데도 왜 안 하나" 하면서 계속 푸시한다. 아무리 회의하라고 회합비 주고 근무시간을 빼주더라도 평소에 머리 쓸 시간이 없으니 좋은 아이디어가 나오기 힘들다. 그래서 대부분 10명을 한 조라고 만들어놓으면, 결국 조장과 서기만 끼적끼적하고 나머지 8명은 그 시간에 과자 먹으면서 노닥거리게 된다.

왜 이런 일이 벌어지는 것일까? 할 게 없는데 하라고 하니까 노는 것이다. 아무 의미 없이 활동비를 주거나 혹은 인원수에 맞춰 음료수라도 먹으라고 돈을 준다. 그렇다고 돈을 준 만큼 아이디어가 나오는 것도 아니다. 그런데도 왜 깨진 독에 물 붓듯이 계속 '죽은 돈'을 들이붓는 것일까? 그 돈이라도 주어야 그나마 활동이라도 해주니까 그러는 것이다.

그렇게 의미 없이 죽은 돈을 들이붓고 나면, 한 달에 한 번도 아니고 1년에 한 번 정도 그중 한두 가지를 발표하게 하고 "올해 계획한 혁신활동이 잘 끝났다."며 상을 준다. 이런 의미 없는 행사를 반복하고 있지만 사실상 아무도 관심이 없다. 상을 주는 사람도 별로 관심이 없고, 받는 사람도 관심이 없다. 다만 주는 사람은 좀 억울하다. 매달 뭔가 많이 준 것 같은데, 준 것에 비해 너무 소소한 것만 발표하니까 속으로 '이게 뭐야?' 싶다. 하지만 다른 회사도 다 하니까, 그것이라도 안 하면 혁신 안한다고 질책당할까 봐 어쩔 수 없이 한다.

모든 회사가 다 이렇지는 않겠지만, 이런 의미 없는 혁신활동은 상당히 흔한 일이다.

앞에서 얘기했듯이 산덴은 심스활동 이후 그동안 형식적인 활동에 치우치기만 하던 TQC를 없애버렸다. 돈 되는 것을 하지 못하거나, 돈을 벌지 못하는 일은 전부 낭비이기 때문이다. 당연히 TQC도 낭비다. 그런데 산덴에서는 TQC를 없앤 후에도 매달 50건 이상씩 개선활동이 이루어지고 있다. 어떻게 이런 성과를 거둔 것일까? 핵심은 셀생산 시스템에 있다.

컨베이어 생산에서의 권한이 1~2분이었다면, 셀컴퍼니는 15~30분 정도의 공수를 부여한다. 그러다 보니 작업자들은 전체의 과정에서 낭비를 찾아내는 눈을 키울 수 있고, 그렇게 개선해나간 활동들은 그만큼 낭비제거 효과가 탁월할 수밖에 없다. 물론 처음에는 어설펐다. 버벅거리면서 "나는 이거 할 줄 몰라요. 해본 적 없어요." 했다. 하지만 사람은 금방 숙달하게 마련이다. 그 전까지는 낭비제거가 잘 안 되다가 어느 순간 갑자기 되는 단계가 있다. 그게 기다림의 단계를 거치면 온다. 그렇게 레벨이 올라가면 재미가 붙어서 "이것도 낭비네, 저것도 낭비네, 이것도 합시다, 저것도 합시다." 하게 되는 단계가 오는 것이다.

누구 한 사람 소외되지 않는 혁신

'낭비'는 굉장히 넓고 포괄적인 개념이다. 컨베이어를 셀로 바꾸는 것도 생산방식에서의 낭비제거고, 조직을 셀컴퍼니로 바꾸는 것 역시 조직운영에서의 낭비제거라고 할 수 있다. 그렇게 보면 내가 산덴에서 지도하는 모든 것은 사실 '어떻게 하면 낭비를 제거해서 고효율 조직을 만들 것인가?'다. 이렇듯 낭비는 우리가 사는 모든 곳에 있다. 하지만 여태껏 배워온 낭비제거 활동은 일반적으로 제조에 국한되어 있었다. 도요타의 7가지 낭비도 결국 제조현장에서의 낭비제거다.

그런데 내 경험을 돌아보면, 제조를 둘러싼 간접부문 즉 개발, 구매, 조달, 품질, 총무, 영업 등에 제조현장보다 더 큰 낭비들이 있다. 대부분 '거기에 무슨 낭비가 있느냐'는 식으로 반문하지만 실제로는 그렇지 않다. 그렇다면 왜 이렇게 제조부문에 대해서만 낭비제거를 집중적으로 이야기할까? 제조부문이 인원수가 가장 많고, 또 제조에서 문제가 생기면 영업도 안 되고 관리도 안 되기 때문이다. 결국 제조가 잘 안 되면 회사는 매출이 줄고 이익이 안 난다. 그래서 모든 것이 제조에서부터 시작된다고 말할 수 있다. 이렇듯 제조업 회사의 근간은 제조이고, 혁신은 제조부터 시작되어 파생되어서 나간다. 하지만 대부분의 회사가 혁신활동을 시도하더라도 제조에 국한하거나 그마저도 포기해버리는 경우가 많다.

제조를 하다 보면 여러 가지 일이 생긴다. 간혹 협력업체에 문제가 생겨서 긴급하게 부품을 조달해 와야 하는 경우도 생기는 게 현장이다. 이럴 때 간접부문의 사원들이 제대로 서포트해주지 않으면 곧바로 생산에 문제가 생긴다. 이런 일은 제조부문의 구성원만으로는 해결할 수가 없기 때문이다. 즉 제조부분만 똘똘 뭉친다고 해서 되는 게 아니라는 뜻이다. 연관부서가 모두 잘 연결되어 있고 서로 협조해야 문제를 빨리 해결할수 있다. 그런데 어느 회사나 간접부문의 사원들은 소외되어있다. 제조부문처럼 오늘 100대 만들다가 내일 105대 만들었다고 해서 칭찬받는 일도 없다. 초과 생산된 5대분의 부품을 더갖다줬는데도 불구하고 말이다.

산덴에서도 처음에는 그랬다. 침체되어 있던 제조부분이 주인공이 되어 칭찬받고 인센티브도 받는 와중에 간접부분의 사원들은 시상식 자리에 박수만 치러 왔었다. 그러던 어느 날 공장장이 나에게 "간접부문 사원들도 숫자가 적은 것이 아니고, 다 같이 애쓰고 고생하는데 이들의 사기를 올리려면 어떻게 하면 좋겠습니까?" 하고 물었다.

그때 나는 공장장에게 내가 롯데알미늄에서 실시했던 '핵심가치상' 이야기를 해줬다. 롯데그룹은 책임감, 열정, 고객 중심, 협력, 창의성 등 5가지 핵심가치가 있는데, 이러한 핵심가치를 잘 실천한 직원을 찾아내서 각각 표창하던 행사였다. 경찰청 사보를 보다가 아이디어를 떠올려 벤치마킹한 제도다.

어제와는 다른, 좀 더 나은 모든 것을 칭찬한다

내가 캐논코리아의 생산본부장이던 시절에 서울경찰청에서 견학단이 온 적이 있는데, 그 후 매달 회사로 경찰청 사보를 보내주었다. 어느 날 그 사보에 각 분야에서 활약한 우수 경찰관을 선정해서 매달 시상하는 사진이 실렸다. 거기에서 힌트를 얻어 나도 롯데그룹의 핵심가치 5가지를 잘 실천해준 직원들을 매달 5명씩 선정해 시상하게 되었고, 많은 직원이 즐거워하며 업무에 몰입하는 모습을 보았다. 핵심가치상 시상 전에는 '칭찬 릴레이'라고 해서 직원들끼리 서로 칭찬하고, 칭찬받은 직원에게 소정의 시상금을 주곤 했다. 그런데 칭찬하는 사람도 부담스럽고 칭찬받는 사람도 어리둥절해하는 우스운 상황들이 연출되곤 했다. 이후 핵심가치상을 시상하면서 그런 모습은 사라졌다.

산덴에서도 이를 본떠 고객 관점에서 일을 했나, 정열과 책임감을 가졌나, 타 부서와 잘 협력했나, 독창성 있게 일했나를 판단해서 시상했다. 이것은 간접부문 사원들만을 대상으로 하는 간접부문의 심스이며 '개혁공헌상'이라고 한다. 이 간접심스는 심스처럼 현장에서 발표하는 것은 아니다. 각자 평소에 하던 일 중에 '밥 먹는 일 이외의 일을 한 사람, 어제와는 다른, 좀 더 나은 일을 한 사람들'을 과장, 부장들이 발굴하여 추천하면 간접심스위원회에서 평가해서 상을 주는 시스템이다.

예를 들어 회사가 협력업체 초청행사를 한다면, 누군가는 장소를 빌리고 거기에 플래카드도 달아야 한다. 자재과나 총무과의 간접부문 사원인 담당자가 그걸 했을 것이다. 그런데 원래 100만 원에 빌리려 했던 행사장소를 80만 원에 빌렸다면, 그 노력을 칭찬해주는 것이다. "당연히 할 일 한 것인데 무슨 소리냐?" 하는 게 아니고, 그 자체를 고마워하고 드러내서 칭찬하고 시상한 것이다.

다른 예도 있다. 산덴에서는 외부강사를 불러서 직원들의 스트레스 예방 스트레칭을 지도하곤 했는데, 사내 간호사가 직접 배워 와서 직원들이 원하는 시간에 바로바로 가르쳐주었다. 이처럼 외부 비용을 줄인 것도 시상할 수 있다. 또 전기가 낭비되는 것을 발견해 차단시켜 전기요금을 줄인다든지, 쓰지 않는 에어컴프레셔의 공회전을 중단시킨다든지 등의 낭비 제거 사례들이 늘어가고 있다.

한편 회사 밖에서 한 활동도 찾아서 시상했다. 수해 피해 지역의 소비자들을 찾아다니면서 복구를 도운 직원을 표창한 사례가 그것이다. 그동안 가려져 있거나 숨어 있던 선행을 찾아내 시상하고 있다. "나는 당연히 내가 할 일을 했어." 하는 일도 옆에서 듣고 "저거는 칭찬해줄 만하다!" 하고 표창하니까 직원들이 쑥스러워하면서도 즐거워한다. 이제껏 박수만 치러 참석한 자리에서 본인들도 상을 받으니 기분도 좋아지고 사기가 올라가는 것은 당연하다.

산덴은 이제 아카기 공장에서 실시하고 있는 심스활동의 성과에 고무되어 전사적으로 낭비제거 활동을 확장해가고 있다. 공장 심스추진사무국의 협조하에 본사 사무직, 영업직, 서비스직 등 각 부문에서 낭비제거 활동이 이루어지게 된 것이다. 이들의 활약도 매달 성과발표를 하고 있다.

"책임은 내가 질게,
너는 추진만 해."

11

심스활동이 활발히 전개되면서 아카키 공장은 점차 활기를 찾아갔다. 공장장과 세 본부장을 위시한 간부들은 현장의 변화를 대견해하고 흐뭇해했다. 그러나 모리 사장은 마음이 급했다. 내가 5점짜리라고 평가한 라인을 적어도 60점 이상으로 만들어야 했기 때문이다. 이를 위해서는 본부장들과 개발부서, 간접부서들이 혼연일체가 되어 원팀으로 움직여도 부족하다. 사소한 현장개선 몇 가지에 들떠서 우왕좌왕하는 모습에 어느 날 불호령이 떨어졌다.

"김 고문님이 멀리서 가르치러 오셨는데, 가르침대로 빠릿빠릿하게 움직이지도 않고 강 건너 불구경하듯 해서 되겠는가?"

본부장들과 간부들에게 좀 더 적극적으로 움직이고 협조하라는 당연한 지시였다. 하지만 나도 참석한 자리에서 일본 회사의 간부들이 그야말로 무참히 깨지는 모습을 보니, 보는 내내 안쓰러웠다.

사실 간부들도 뭘 어떻게 해야 할지 막막해하고 있었는데, 내가 차마 본부장들에게까지 업무지시를 할 생각은 없었다. 엄청나게 깨지고 난 후 쿠보타 공장장과 3명의 본부장들이 모인 자리에서 나는 안타깝고 미안한 마음에 다음과 같은 제안을 했다. 그것은 산덴을 발칵 뒤집어놓은 세 본부장의 역할 조정이었다.

싸게 만드는 것을 제조가 아니라 개발본부가?

일반적으로 싸고 좋은 것을 빨리 만드는 일은 누가 해야 할까? 대부분은 '제조'가 해야 한다고 말한다. 조직은 제조부문에 이런 주문을 한다.

"너희가 드라이버질 하니까 잘 만들어야지. 너희가 구매하니까 싸게 잘 사야지. 너희가 빨리 만들어야 납기일을 지키지."

이렇게 모든 것을 제조에게 떠맡긴다. 그런데 실제 현장에서 제조는 그렇게 할 여력이 없고, 그런 능력을 갖춘 팀도 구성되어 있지 않다. 그런데도 그 모든 것을 제조부서에 하라고 하니까 될 리가 없다. 이것이 미국은 물론이고 일본, 한국에서도 제조회사의 경쟁력이 갈수록 떨어지는 이유다. 권한은 하나도 주지 않고 무거운 의무만 져야 하니 추락할 수밖에 없지 않겠는가? 제조가 날개를 펴고 활개를 쳐야 하는데 말이다.

그런데 싸고 좋은 것을 빨리 만들기 위해서는 개발, 품질, 생산본부가 일체가 되어 각자의 역할을 해내야 한다. 나는 산덴의 세 본부장에게 각각의 역할을 새롭게 배분했다. 즉 싸게 만드는 것은 개발본부가, 빨리 만드는 것은 품질본부가, 좋게 만드는 것은 생산본부가 책임져야 한다고 말이다. 산덴의 본부장들은 깜짝 놀란 표정을 지어 보였다. 듣도 보도 못한 내 제안에 어리둥절해하며 이해할 수 없다고 말했다.

사람들은 대개 좋은 물건을 싸게 빨리 만드는 법, 즉 'QCD(Quality, Cost, Delivery)'에 대해 이야기한다. 그런데 아무리 좋은 물건도 싸지 않으면, 즉 가격경쟁력에서 밀리면 안 팔린다는 게 내 생각이다. 요즘 세상에 품질이 나빠서 못 파는 물건은 없다. 중국제보다 싸야 팔리지 일본제라고 무조건 팔리던 세상은 이미 한참 전에 지났다. 한국제도 마찬가지다. 그래서 나는 '싸고 좋은' 물건을 빨리 만들어야 한다고 강조한다. 그것도 중국이나 베트남보다 싸야 한다. 그래서 QCD가 아니고 CQD라고 해야 맞다.

이를 위해서는 개발본부가 제품 코스트 안에 들어가는 낭비를 제거해야 한다. 즉 부품에 대한 낭비, 설계 자체에 대한 낭비, 설계에서 지정한 과잉 사양, 그것과 연관된 검사방법에 대한 낭비 등이 있을 것이다. 이처럼 개발하면서 생긴 낭비들을 스스로 제거해야 한다. 이제까지는 코스트다운에 대한 책임이 제조에 있었지만, 사실 부품에 대한 모든 권한은 개발에 있다.

또한 구매는 설계대로 A사에서 B라는 부품을 사라고 하면 그것을 그대로 살 뿐이다. 그 과정에서 2~3% 가격을 내리는 약간의 협상이 있을 뿐이다. 그런데 내가 요구하는 50% 코스트다운을 하려면 구매에서는 협력업체를 아무리 '때려잡아도' 할수가 없다. 협력업체를 비틀어 짜내는 데도 한계가 있다. 그런데도 대부분의 회사들이 그렇게 하고 있으니, 품질은 점점 나빠질 수밖에 없다. 무조건 단가인하를 요구하니 어쩔 수 없다. 그리고 이런 부품이 투입되면 제조 과정에서 알게 모르게 속을 썩이고, 이런 문제를 개발부문에 얘기라도 하면 "누가 그렇게 하랬냐?"며 큰소리가 오가는 곳이 공장이다.

그러다 보니 공장에 있는 사람들은 1년 내내 불안에 시달린다. 달리던 자동차에서 불이 나듯이 자기가 만든 물건에 사고가 나지는 않을지, 시장에서 클레임이 들어오지는 않을지, 해외에서 무슨 문제가 생기면 어쩌나 늘 전전긍긍이다. 예전에 우리 팀의 팀원 중 한 명은 전화 노이로제에 시달렸다. 전화벨이 울리면 심장이 쿵쾅쿵쾅하는 것이다. 결국 전화 받기가 너무 두려워져서 회사를 그만두었다.

무슨 문제가 생겼다는 전화를 받으면, 그때부터 온갖 고민이 생긴다. 이걸 누구에게 어떻게 보고할지, 그러고 나서 어떻게 해결할지 등등. 이것은 어느 공장이나 마찬가지다. 때문에 공장에 있는 사람들은 무언가 바꾸는 것을 싫어한다. 최대한 변화하지 않으려 한다. 싸든 비싸든 상관없이 옛날부터 해왔던 방식 그대로 하려는 것이다. 하던 대로 하면 별 탈 없지만, 뭔가를 바꿨을 때 문제가 생기면 누구 마음대로 바꿨느냐며 바꾼 사람만 독박을 쓰기 때문이다. 좋은 결과를 만들어도 "바꿔서 참 잘했다. 수고했다." 하는 얘기를 듣는 것도 아니고(사실 공장은 그런 말을 할 시간도, 여유도 없는 곳이다), 그렇다고 인센티브를 받는 것도 아니다. 월급이 오르는 것도 아니다. 그런데 누가 자청해서 변화를 시도하겠는가? 혹시라도 문제가 생기면 본인만 깨지는 상황인데 말이다.

책임질 조직을 만들어주니 변화도 자신 있다

그래서 산덴의 개발부문 직원들도 '가만히 있으면 중간은 가는데, 조금 싸다고 바꿔서 무슨 낭패를 보려고 그러냐' 하는 마음이었다. 때문에 새로운 기계를 개발해도 그 안에 들어가는 부품은 15년 전, 25년 전에 쓰던 것을 그대로 사용했다. 왜? 이미 검증된 부품이기 때문이다. 그 부품을 쓰다가 문제가 생기면 (자신이 선정한 게 아니라) 과거에 누군가가 정해준 것을 그냥 쓴 것이니까 일단 면피할 수 있다. 하지만 '내가' 바꾸자고 했다가 문제가 생기면 책임도 '내가' 져야 한다. 그렇게 산덴의 구성원들은 70여 년 동안 되도록 가급적 안 바꾸는 쪽을 선호하며 리스크를 최대한 피해왔고, 이것이 혁신을 방해하고 있었다.

그런데 내가 가서 "과감하게 바꾸고, 자신 있게 바꿔야 한다."면서 50% 코스트다운을 하라고 하니, 구성원들 입장에서는 반발심이 생기고 머리가 복잡해졌다. "지금 하는 일만으로도 바빠 죽겠는데, 그리고 싸게 만드는 것은 제조부문에서 할 일인데 왜 우리더러 하라고 합니까?" 하며 불평도 했다. 그래서 내가 제안한 것이 앞서 이야기한 '설계평가과'다.

사실 무언가를 바꾸자고 제안한 사람이 그 결과까지 모두 책임질 수는 없다. 하지만 제3자가 제대로 평가해서 괜찮다고 인정해주면 당사자는 마음 놓고 변화를 시도해볼 수 있다. 이 필터링을 해주는 곳이 설계평가과다. 아무리 내가 가서 "내가 책임질 테니 바꿔도 괜찮다."고 얘기한들, 직원들이 내 말을 다 믿고 따를 수는 없다. 나는 언젠가 떠날 사람이 아닌가? 때문에 구성원들이 안심하고 도전할 수 있도록 시스템을 확립해주는 것이 중요하다.

'설계평가과'라는 시스템이 바로 그러한 역할을 하는 그릇이다. 이 그릇을 바꿔주니 개발부문의 구성원들도 변하기 시작했다. "그렇다면 우리도 할 수 있다. 그 정도로 충분히 서포트해준다면 즐겁게 할 만하다." 그 후로 개발부문 사람들은 얼굴 표정부터 활짝 피었다. 이것이 내가 얘기하는 조직도의 중요성이고 시스템이라는 그릇의 역할이다.

지금 산덴의 개발실 한쪽 벽면에는 한 기종에 들어가는 모든 부품이 걸려 있다. 겉에 드러나는 것뿐만 아니라 속에 든 것까지 분해해서 하나부터 열까지 다 보이게 해두었다. 예를 들어 모터가 들어가면 모터 속 부품들까지 하나하나 새로 설계해야 근본적인 코스트다운이 가능하기 때문이다. 그리고 신설된 '코스트다운 전담팀'은 일본 내에서 해결이 잘 안 되는 것들은 해외까지 활발하게 돌아다니며 저렴하고 품질이 좋은 부품들을 찾아냈다.

그동안 산덴은 중국이나 동남아시아의 전자부품은 쓸 생각을 해본 적이 없었다. 그런데 근본적인 코스트다운을 위해 난생처음 여권을 발급받아 해외로 나가보니 자기들이 얼마나 우물 안 개구리였나 싶었단다. 내가 처음 중국에 간 게 1998년인데, 후진국으로만 생각했던 중국의 제조기술이 그때 이미 한국보다 몇 단계 위였다. 당시 단가가 안 맞아 고민했던 주요 부품들을 모두 중국에 발주했다. 한국 협력업체들은 3~5%도 단가를 낮추기 어렵다고 했던 것들, 더 이상 요구하면 못 한다고 했던 것들이 중국에 가니까 무려 30~40%나 코스트다운되었다. 덕분에 캐논코리아가 수출 경쟁력이 생겼다.

그게 1998년 일이니, 무려 20년이나 지난 2018년의 중국은 어떠했겠는가? 이제까지 터부시했던 그런 부품조차도 훨씬 더 좋게 잘 만드니 그야말로 천지개벽인 셈이다. 그러다 보니 코스트다운에 힘이 생겼다. 게다가 나는 중국에 출장가는 개발 직원들에게 "중국에 가면 말이 통하는 일본계 업체로 가지 말고, 중국 경영자가 생산하는 현지 부품을 찾으라."고 한다. 그리고 최근에는 "중국도 이미 경쟁력이 없으니 베트남이나 동남아시아의 다른 나라로 가라."고 조언한다.

산덴 구성원들도 기존의 습관과 관성을 버리고 새로운 관점을 가질 필요가 있었다. 70년 만에 없던 부서가 생기고, 고인물 같았던 조직이 자꾸만 변화하고 혁신하라고 등을 떠밀다 보니 산덴의 구성원들도 헷갈려하고 불안해했다. 하지만 변화를 위한 작은 시도들이 이미 큰 성과를 가져온 것을 눈으로 지켜보니 신기하기도 하고 자신감도 생겼다고 했다. '진작 이런 걸 했어야 하는데' 하는 생각을 하면서 이들은 스스로 조직을 혁신하기 시작했다.

빨리 만드는 것을 품질본부가 맡는다?

그다음은 '빨리 만드는 것'이다. 이것은 누가 해야 할까? 품질본부다. 이 말을 처음 듣는 사람들은 '이게 뭔 이상한 소리인가?' 한다. 산덴에서도 그랬다. 빨리 만드는 것은 드라이버질을 빨리하고 운반을 빨리 해야 하는 제조부문의 일이라고 생각하기 때문이다.

산덴은 컨베이어 시스템에서 운영하던 70년 전 과거에 누가 정해놓은 것인지도 모르는 품질 매뉴얼에 입각해서 일을 지시하고 처리하고 있었다. 그러나 셀생산을 하거나 셀컴퍼니가 되려면 셀방식에 맞게 품질 시스템도 바꿔야 한다. 제조부문이 만드는 속도를 빠르게 하기 위해서는 매뉴얼, 작업순서 등 여러 가지를 바꿔야 한다. 그런데 그 모든 권한은 품질본부장이 쥐고 있다면 어떻게 될까? 아무리 개발부문이나 제조부문에서 효율적으로 바꾸려고 해도 품질부문에서 "안 돼. 이건 고객 입장에서 문제가 될 수 있으니 승인 못 해." 하면 바꿀 수 없다.

나는 무슨 일이든 권한을 가진 사람이 혁신의 의무와 책임도 져야 마땅하다고 생각한다. 그동안 품질본부에서는 '좋은 물건을 만드는 것'에만 집중하다 보니, 코스트에 대해서는 별로 신경 쓰지 않았다. 사람을 많이 쓰고 돈을 쓰면 품질은 좋아진다. 하지만 가격이 비싸지고 만드는 시간도 오래 걸린다. 좋은 물건을 만드는 것은 기본이다. 문제는 낭비적 요소를 제거하면서 '빨리' 만드는 것이다. 그리고 이것은 그 권한을 가진 품질본부가 아니면 근본적으로 바꿀 수 없다.

내가 품질본부에 "생산에서 일어나는 모든 낭비를 제거하면서 빨리 만들어야 합니다."라고 하자, "세상에 그런 지시는 난생처음 받아봤습니다."라면서 다들 깜짝 놀랐다. '낭비제거는 현장에서 하는 거지, 품질에서 무슨 낭비를 제거하냐' 싶었을 것이다. 물론 현장에서 제품을 만드는 과정에 숨어 있는 낭비도 있다. 그런데 어찌 보면 이것은 작은 낭비에 불과하다. 더 큰 낭비는 조직 전체에서의 낭비, 그리고 일의 흐름에서의 낭비다.

일이 상류에서 하류까지 흘러갈 때 중간중간 여러 번 비슷한 일이 반복되면서 낭비가 발생한다. 특히 제일 심각한 것이 '검사'의 낭비다. 검사의 낭비는 내가 산덴에서도 여러 번 강조한 문제인데, 막연한 걱정 때문에 과잉검사를 하는 경우가 많기 때문이다. 앞서 얘기했던 반찬통에 나사를 세어서 담아주던 행위도 과잉품질 대응이다.

한번은 내가 산덴의 검사현장에 가서 물었다.

"이 검사는 왜 합니까?"

검사를 담당하던 직원이 이렇게 대답했다.

"기억은 잘 안 나지만, 옛날에 비슷한 문제로 시장에서 클레임이 크게 들어온 적이 있었다고 들었습니다."

그래서 나는 또 물었다.

"언제 그런 문제가 있었습니까? 최근 3~4년 사이에 그런 일이 있었습니까?"

"요즘은 없었는데요."

"그러면 왜 그 검사를 지금까지 계속합니까?"

직원은 묵묵부답이었다. 생산은 데이터를 근거로 삼아 움직이는 과학이다. 옛날에는 기술도, 환경도 열악했을 테니 그런 문제가 발생했을 수도 있다. 하지만 이제는 그런 문제가 생기지도 않는데 왜 최근까지 그 검사를 계속하고 있을까? 대답은 똑같다. "예전에 누군가 하라고 정해놨기 때문"이란다. 그래서 내가 또 물었다.

"그러면 그걸 바꾸는 게 누굽니까?"

품질 담당직원은 머리를 긁적긁적하다가 말했다.

"저입니다. 제가 권한을 갖고 있습니다."

"그러면 당신이 바꾸면 되지 않습니까? 당신이 불안하니까 못 바꾼 거네요. 당신만 바꿔주면 낭비도 줄이고 다 편해질 텐데…. 데이터가 있지 않습니까? 그동안에 시장에 몇 대가 나갔는지, 라인에서는 불량이 났는지 안 났는지. 불량이 안 났으면 없애도 되는 검사가 아닙니까? 그러다가 불량이 나면 다시 검사를 강화하면 될 것이고요. 왜 막연한 불안감 때문에, 그 옛날에 있었던 일을 가지고 현재에도 이러고 있습니까. 그 돈을 다 누가 냅니까? 전기요금에, 인건비에, 장소도 넓게 차지하고…, 그건 심각한 낭비입니다."

흔히 일본 제품은 품질이 좋다고 말한다. 하지만 그 품질을 좋게 만들기 위해서 과잉검사를 하는 경우가 많다. 시간이 반으로 단축될 수도 있는데 그 검사시간이 너무 길어서 못 한다. 심지어 어떤 검사는 실제 제조시간보다 오래 걸린다. 이것은 모든 공장의 품질본부가 '견제'하는 입장이기 때문이다. 시장에 나가서 문제가 생기면 자기들이 책임져야 하니까 가급적이면 못(?) 나가게 한다. 그러다 보니 이것도 검사해야 하고, 저것도 검사해야 하고, 저기서 한 걸 여기서 또 한 번 하고…. 그렇게 했는데도 시장에 나가서 문제가 생기면 자기들이 '얻어터지니까' 계속해서 방어만 강화한 것이다.

산덴에서도 그동안 전수검사만 4번을 했다. 불안하니까 부품단계에서도 하고, AU(Assembly Unit)에서도 하고, 조립라인에서도 하고, 완제품을 또 검사했다. 뭐가 그렇게 불안할까? 제조에서 완벽하게 해주면 좋은데, 100대 만들면 1대가 불량이고, 1,000대 만들면 10대가 불량이니까 검사를 계속 강화할 수밖에 없었던 것이다.

문제는 이렇게 몇 번씩 검사를 하더라도 수천 가지의 부품이 조립된 상태에서 검사를 해봐야 그냥 작동이 되나 안 되나 정도밖에 할 수 없다는 것이다. 그런데 실제로 불량이라는 것은 조립과정에서 잘못된 것들이 가려져 있다가 시장에 나가서 발생하는 경우가 많다. 자동차든 뭐든, 밖에 나가서 문제가 생기는 것은 아예 엉터리로 만들어서가 아니다. 공정 간에 존재하는 미세한 결함들을 미처 발견하지 못해서 생기는 것이다.

내가 보기에 그런 수박 겉핥기식의 검사는 무의미하다. 그냥 불안하니까 '하는 척'할 뿐이다. 하려면 완벽하게 잡아내든지, 그럴 자신이 없으면 다른 방법을 찾아야 한다. 검사하라고 하니까, 어느 공장이든 검사를 안 하면 안 되니까, 완벽하지 않은 검사를 '하는 척'하면서 시간을 낭비하고 사람을 낭비해서 여러 가지 '쇼'를 할 뿐이다.

그렇다면 완벽하게 검사를 하려면 어떻게 해야 할까? 간단하다. 각 공정에서 품질을 확보해주면 된다. 만들어놓고 검사하는 게 아니라 조립하는 사람이 각자 품질을 책임지는 것이다. 그러면 4번의 검사가 아니라 발췌검사만으로도 충분하다. 인간에게는 오감(五感)이 있다. 이 오감을 충분히 발휘하면서 얼마든지 생산할 수 있다. 오감을 발휘하도록 역할을 주면 되는데, 주지 않고 시키지 않았을 뿐이다. 작업자들이 이 오감에 의해 어제와 다른 것을 바로 바로 느끼고 불량을 발견해 낼 수 있다. 여태까지는 불량을 발견할 권한도 없고 책임도 없었을 뿐이다. 나는 이러한 권한과 책임의식 그리고 작업자들의 지혜가 효과를 발휘해 (검사과를 없앴는데도) 실제로 품질이 좋아지는 것

11. "책임은 내가 질게, 너는 추진만 해."

을 경험했다.

"열 사람이 저질러놓은 잘못을 한 사람이 한꺼번에, 그것도 짧은 시간 안에 검사해서 발견하는 것은 힘들다. 하지만 열 사람이 일하면서 각자 자기가 작업한 것이 완벽한지를 검사하면 10번 검사하는 셈이다. 발췌검사를 하고 전수검사를 했다고 해서 불량이 걸러지지는 않는다. 대신 공정에서 품질을 확보해주면 뒤에서는 최소한의 검사, 즉 전원이 들어오나 안 들어오나, 캔을 넣었을 때 제대로 빠지나 안 빠지나, 정상적으로 작동을 하나 안 하나 등 소비자와 직접 관련된 기본적인 검사만 해도 된다."

이렇게 품질과 검사업무의 낭비요소를 최소 50% 이상 과감히 제거했더니 제조현장의 심스발표 내용 중에서도 품질 관련 부분이 많았다. 때문에 신속한 판단과 처리를 위해 심스활동을 추진하는 업무도 품질부문에서 담당하도록 했다.

생산성 300%,
품질 179% 향상

지금 산덴은 제조부문이 생산을 하면서 품질도 책임지고 문제도 책임진다. 따라서 품질본부는 제조가 잘할 수 있도록 환경만 만들어주면 된다. 역할이 달라진 것이다. 과거에 야단맞고 방어하는 부서, 그래서 제조부문을 괴롭히던 부서가 아니라 제조를 돕고 생산성 향상과 품질 향상을 위하여 꼭 지켜야 하는 품질을 잘 지키기 위한 룰을 만들고, 절차를 개선하고, 앞서 얘기한 MT 같은 것을 제대로 수행하는 부서로 말이다.

이것이 가능한 것은 셀생산방식, 즉 멈춤생산이기 때문이다. 컨베이어벨트의 흐름생산에서는 작업자들이 자신이 조립하는 부품을 검사하고 자기 작업의 품질을 책임지는 것은 불가능하다. 흘러가는 라인에 서서 조립하는 것만으로도 버겁기 때문이다. 산덴의 품질 담당자들도 처음에 1명당 작업공수를 3분에서 15분으로 늘린다고 하니 긴장을 많이 했다. "3분짜리도 불량이 많았는데 공수가 더 길어지면 불량도 더 많아지지 않을까? 그러면 어떻게 관리하지? 어떻게 대응해야 하지?"

그런데 막상 만들어놓은 걸 보니 공수가 3분일 때보다 불량률이 확 낮아졌다. 왜 그럴까? 한 사람 한 사람이 자신이 맡은 공정에 책임을 지기 때문이다. 이게 바로 셀생산과 셀컴퍼니의 장점이다.

멈춤생산인 셀생산에서는 컨베이어에서 안 됐던 다양한 작업이 가능하다. 즉 '멀티플레이'가 가능해진 것이다. 그런데 셀생산을 하는 다른 회사에서조차 '어떻게 조립을 하면서 동시에 검사까지 하느냐'며 여전히 단순작업만 시키고 있다. 컨베이어 대신 셀로 조립방식만 바꿨을 뿐, 생산관리 시스템은 여전히 컨베이어 방식대로 운영되는 것이다. 그럼에도 불구하고 이익이 나고 성과가 나온다.

그러나 나는 한 단계 더 나아가 매뉴얼을 포함한 시스템 자체도 셀방식에 맞춰 바꾸는 것을 지도하고 있다. 즉 제조의 구성원 한 사람 한 사람이 자기결정권을 가지고 주도적으로 품질도 확보하고 생산량도 확보하는 것이다. 이렇게 시스템을 셀컴퍼니로 바꿔주면 훨씬 더 많은 성과를 낼 수 있다. 물론 이런 개념으로 바꾸면 처음에는 직원들이 힘들어한다. 하지만 다들 재미있다고 한다.

그러므로 제품을 좋게 만드는 것은 품질본부가 아니라 제조본부가 해야 할 일이다. 어떻게 좋게 만들까? 그 해답은 먼저 셀컴퍼니를 제대로 정착시키는 데 있다. 즉 발주부터 출하까지 제조부문이 도맡아서 모두 할 수 있는 조직으로 바꾸는 전제조건에서 가능하다. 이게 성공하면 세상 그 어느 조직보다도 빠르게, 품질 좋은 제품을 생산할 수 있다. 그리고 산덴은 1년여의 활동 결과, 생산성이 획기적으로 향상되었으며 품질 또한 급격히 좋아졌다. 산덴 자체 데이터에 따르면, 생산성은 자판기 31%, 커피머신 300% 향상되었고, 품질 역시 자판기는 87%, 커피머신은 179% 향상되었다. 1년 만에 어떻게 이런 놀라운 숫자가 나올 수 있었을까?

제조회사의 최상위 조직은 제조다

나는 제조를 가진 회사에서 최상위 조직은 '제조'부문이라고 생각한다. 개발부문, 품질부문, 관리부문 모두 제조를 위해 존재한다는 개념을 가졌다. 이제껏 '제조가 최상위'를 기본으로 가르치며 일해왔고, 산덴에 가서도 그렇게 지도하고 있다. 제조현장에서 정말 좋은 물건이 만들어져 나와야 영업이 잘되고 회사는 이익을 더 낼 수 있다. 그런데 제조를 경시하고 현장에서 일하는 직원들을 하찮게 여기면서 가장 좋은 제품을 기대하는 것은 어불성설이다.

제조는 최상위 조직이므로 공장에 있는 모든 조직은 제조를 중심으로, 제조가 원활히 굴러갈 수 있도록 서포트해야 한다. 특히 제조현장을 더 좋게 만들기 위해서는 개발부문이 바지런히 움직여야 한다. 개발에서 설계를 잘못해서 넘기면 그 도면 대로 물건을 만들어야 하는 제조는 필연적으로 어려움에 처할 수밖에 없다. 산덴에서도 제조를 최상위 조직이라고 생각하고 제조 중심의 조직으로 혁신하는 과정에서 타부서의 저항이 상당했다.

일례로 태핑나사에서 M나사로의 변경 문제가 그랬다. 산덴은 내가 지도회를 할 때까지 여전히 태핑나사를 사용하고 있었다. 태핑나사란 스스로 탭을 내면서 철판을 뚫고 들어가는 나사로, 도면에 구멍만 지정해놓으면 되니 설계가 쉽다. 대신 드라이버를 쥔 사람이 힘으로 뚫어야 하기 때문에 소음도 크고 드라이버도 무거워서 작업자가 힘들다. 반면에 M나사는 철판에 탭을 미리 내놓기 때문에 가벼운 드라이버로 힘을 조금만 주어도 부드럽게 들어간다. 작업자가 일하기에는 훨씬 수월하다.

그런데 M나사로 변경하는 데 개발부문의 저항이 거셌다. 설계의 개념을 쉬운 설계에서 정밀한 설계로 근본적으로 바꾸라고 하니 골치가 아파진 것이다. 수십 년 동안 아무 문제 없이 잘 써왔고, 완제품의 품질에 문제도 없는데(자기들이 생각하기에!) 단지 작업자들이 힘들다는 이유로 바꾸라는 게 말이 안 된다는 것이다. 그러다 보니 여러 가지 핑계들이 나왔다.

"M나사를 쓰려면 추가 가공비가 늘어납니다.", "나사 구멍이 안 맞으면 나사를 박을 수가 없습니다.", "태핑나사는 드르륵하고 한 번에 박히는데 M나사는 드르르륵하고 길게 들어가야 하니까 오히려 작업시간도 길어집니다." 등등. 그런데 듣다 보니 이 사람들이 잘못된 걸 당연하게 얘기하고 있었다. 나사 구멍이 안 맞으면 나사가 안 박히는 게 당연한 것 아닌가? 그런데 왜 그걸 작업자가 힘으로 욱여넣어야 하는가?

게다가 이들은 계속 비용이 높아진다는 핑계를 댔다. "당신이 얘기한 대로 해도 단가가 낮아지지 않는다.", "작업장이 좀 조용해지기는 하겠지만 제조원가는 악화된다.", "1대당 원가가 120원이나 올라간다." 등등. 그때 나는 "이것은 비용의 문제가 아니라 인간존중의 문제다."라고 선언하고 단호하게 대응했다.

"작업자들이 태핑나사로 제대로 작업하려면 손목이 다 나갑니다. 개발자인 여러분들이 드라이버질을 얼마나 해봤습니까? 한두 번이 아니고 하루 8시간씩, 1년 이상 해봤습니까? 작업자들이 그 무거운 드라이버를 들고 탭을 내느라고 고생하는 것을 한 번이라도 생각해본 적이 있습니까? 그동안은 태핑나사로 설계해서 잘 안 맞으면 힘으로라도 욱여넣었기 때문에 시장에서도 문제가 생긴 것입니다. M나사로 정교하게 설계하면 품질도 좋아지고 제조현장의 직원들도 웃으며 일할 수 있는데 왜 안 바꾸려고 합니까? 자꾸만 비용 문제를 이야기하는데 생산을 하려면 기계나 전기, 수도가 필요하듯이 M나사로의 변경은 인프라의 문제입니다. 비용이 조금 올라간다고 해서 하고 안 하고의 문제가 아니라는 뜻입니다. 문화를 바꾼다는 생각으로 해야 합니다."

결국 야마모토 개발본부장이 나서서 모든 책임은 자신이 질 테니 불안해하지 말고 해보라고 개발부원들을 설득했다. 야마모토 본부장은 당시 상황을 이렇게 설명했다.

"일단 개발본부 직원들이 한 번이라도 성공을 체험해보는 것이 중요하다고 생각했습니다. 그래서 잘못되어도 다 내가 책임질 테니 불안해하지 말고 해보라고 안심시켰죠. 결과가 나쁘면 내 책임이고, 좋으면 개발직원의 성과로 돌아갈 것이라고 말이죠. M나사에 대한 저항은 '엔지니어로서의 프라이드'라는 말을 잘못 생각했기 때문에 벌어진 일이 아닌가 싶습니다. 프라이드를 갖는다는 게 개발이 제조 위에 있다는 말이 아닌데, 그동안 잘못 생각해왔던 것이죠. 김 고문님의 '제조가 있기 때문에 개발이 있다'는 말씀에 전적으로 공감합니다."

나사 하나 바꿨을 뿐인데

우여곡절 끝에 태핑나사를 M나사로 바꿀 수 있었고, 그 성과가 커피머신 크리스타에서부터 나타났다. 단지 나사 하나 바꿨을 뿐인데 작업효율이 높아져서 크리스타는 30%, 밀크유니트는 38%나 생산성이 올라갔다. 그리고 태핑나사가 철판을 뚫으면서 생겨난 철가루가 식품에 들어갈 수 있는 우려까지도 원천적으로 사라졌다. 당연히 시장에서 판단하는 품질 역시 향상됐다.

작업장 소음은 7데시벨 정도 줄었는데, 현장에서는 더 조용해졌다고 느낀다. 특히 결근율과 퇴직률이 줄어 제조인원이 안정되었으며, 숙련자도 늘어나게 되었다. 그 전에는 무거운 드라이버를 들고 일을 하다 보니 며칠 하다가 그만두거나 결근하는 일이 빈번했다. 또 1년 넘게 일하다 보면 손목이나 팔목에 이상이 생겨 퇴직하는 경우도 많았다. 나사를 바꾼 후로는 작업환경이 좋아지면서 그런 일이 줄어든 것이다.

그리고 그동안 '개발이 최고'라고 생각해왔던 구성원들이 변하기 시작했다. '개발의 고객은 제조현장'이며, '현장 작업자들이 스트레스 없이 일할 수 있는 환경을 만드는 것도 개발의 역할'이라는 생각의 전환이 시작됐다. 개발본부 마쓰모토 과장은 이렇게 이야기했다.

"개발부는 이제까지 태핑나사 중심으로 설계를 해왔고 M나사의 경험은 굉장히 적었기 때문에 고생을 많이 했습니다. 인원은 적은데 M나사화도 동시에 진행하지 않으면 안 되었기 때문에 직원들이 고생을 많이 했어요. 그래도 제조현장에서 굉장히 기뻐했다는 얘기를 듣고 정말 다행이라고 생각했습니다."

그리고 같은 개발본부의 다나카 부장도 이런 변화를 실감한다고 말했다.

"항상 제조현장과 영업부문의 갈등이나 다툼이 있었어요. 고객의 요구와 눈높이에 맞춘 개발을 하라는 김 고문님의 가르침을 통해 개발이 변하게 되었고, 개발의 고객인 제조현장의 직원들, 영업부 직원들에게 감사의 말을 듣게 되는 일이 많아졌어요. 이러한 것들이 인간존중과 연결된다고 생각합니다. 제조가 만들기 쉽도록 개발하고, 고객이 즐겁게, 사용하기 쉽게 설계하도록 의식을 바꿔나가는 게 아주 중요하다는 것을 깨달았습니다. 그래서 설계과정 중 하나인 디자인 리뷰에서도 이 점을 강조하고 있습니다."

대부분의 회사가 개발부서나 품질부서 등을 제조부서보다 중요하게 여긴다. 대체 왜 제조부서를 경시하게 된 것일까? '제조'라는 집단은 문제를 일으키는 것을 대단히 꺼린다. 특히 생산라인이 멈춘다는 것은 어떤 이유에서건 용납되지 않는 분위기가 100년 이상 지속되어왔다. 그도 그럴 것이 대량으로 생산해내는 컨베이어 라인이 멈추면 그 손실이 엄청나게 크기 때문에 멈추지 않는 것을 최우선으로 여기며 관리해왔다.

그러다 보니 제조 분야에서는 그동안 '문제를 일으키지 않는 것', 그래서 '생산에 지장이 없도록 관리하는 것'에 집중했다. 그 결과 '만에 하나라도 생산라인이 멈추거나 생산에 지장이 생길까 봐'라는 이유로 제조를 담당하는 작업인원도 여유 있게, 부품재고도 여유 있게, 영업에서 언제 제품을 달라고 할지 모르니 제품 재고도 여유 있게, 또 여력이 생기면 좀 더 만들어 재고를 가지고 가는 방향으로 관리해왔다.

또 컨베이어 작업자들에게 주어지는 개인별 작업공수도 될 수 있으면 짧게 하여 인원교체가 수월하도록 했다. 이렇게 인전 위주로 관리를 하다 보니, 겉으로는 문제 하나 없이 생산이 정상적으로 잘되는 것처럼 보인다. 하지만 회사 전체로 보면 각종 낭비의 늪에 빠져서 헤어 나오기 어려운 지경이 된다.

죽은 조직을 살리는 권한과 책임

내부를 좀 더 들여다보면 제조가 왜 이렇게 낭비를 일으킬 수밖에 없는지 알 수 있다. 조직도와 업무분장을 보면 인원, 부품, 제품재고에 대해 어느 것 하나 제조부서가 가진 권한이 없다. 반대로 제조부서는 아무런 책임도 지지 않아도 되는 구조다. 제조에 투입할 인력이 필요하면 채용부서에 요구해야 하고, 부품이 필요하면 구매부서가 갖다줘야 하고, 제품재고도 제품을 완성해서 창고에 넘기는 순간 재고의 부담도 없어진다. 여유 있게 운영해도 되고, 뭔가를 책임지지 않아도 되는 구조다. 그러다 보니 기왕이면 안전하고 여유 있게 윗분들이 제일 신경 쓰는 라인만 안 세우면 되는 쪽으로 움직이려는 생리를 가지게 된 것이다.

그렇게 시간이 오래 흐르면 타부서가 보기에 회사가 어려워져도 제조부서는 여유가 있다고 생각한다. 그래서 타부서는 제조부서가 100을 달라고 요구하면 무조건 줄이려고 하는 게 현실이다. 부품이 없으면 생산할 수 없듯이 인원이 1명이라도 모자라면 생산이 안 되는데도 제조가 필요해서 요청한 인원이 제때 충원되는 경우가 드물다.

그런데 신기한 것은 충원이 안 되었는데도 라인은 멈추지 않고 생산이 계속된다는 것이다. 그러니 관리부문에서는 제조부문이 요청한 대로 다 들어주면 손해라는 생각을 하게 되고, '요청을 안 들어주는 것이 유능한 것'이라고 착각하는 게 현실이다. 한편 제조는 제조대로 불만이다. 100을 달라고 하면 50밖에 안 주니 미리 150을 달라고 한다. 게다가 사내에서의 위상도 점점 떨어져서 '시키면 시키는 대로 해야 하는 곳', 직원이 나가면 보충하면 그만이고, 작업공수도 짧으니 특별히 내가 아니어도 아무나 대체 가능하다고 생각한다. 그렇게 되면 제조부서의 직원들은 부품이나 소모품 취급을 당한다고 느낀다. 그런

불만이 있어도 제대로 털어놓을 곳도 없고, 계속해서 불평만 쌓이는 악순환에 빠진다. 고생은 엄청나게 하지만 권한도 없고, 심지어 신뢰도 얻지 못하니 직원들이 계속 이탈하고 일하는 재미도 없으며 팀워크가 생길 수가 없다.

이러다 보니 제조를 경시하는 풍조가 만연해지고, 직원들은 제조는 하면 할수록 어렵고 재미없다고 생각하게 된다. 제조부문은 대개 회사에서 가장 많은 인원을 가진 집단인데도 가장 권한이 없다. 권한이 없으니 책임질 일도 없다. 제품을 만든 것은 분명히 제조인데 시장이나 해외에서 클레임이 들어오면 품질부서가 독박을 써준다.

인원이 가장 많은 제조부서를 이렇게 아무 권한도 책임도 없는 상태로 방치하는 게 과연 회사에 도움이 될까? 나는 결코 그렇지 않다고 생각한다. 제조를 활성화시켜야 시장경쟁에서도 이길 수 있고 이익도 더 얻을 수 있다. 죽어 있는 제조를 살리는 방법은 의외로 간단하다. 권한과 책임을 주면 되는 것이다.

문제가 일어나야 개선도 가능하니 처음에는 다소 문제가 생겨도 믿고 맡겨야 한다. 인원에 대한 권한, 부품발주와 재고관리에 대한 권한, 사내외 품질에 대한 권한을 주면 그에 따른 책임도 당연히 지게 된다. 멸시하고 경시하면서 권한을 줄 수는 없지 않은가? 제조를 최상위 조직으로 만들어주면 최고의 활동을 해준다. 제조직원들에게 부가가치 있는 활동이 가능하도록 판을 깔아주어야 한다. 단, 이러한 변화는 컨베이어 시스템에서는 어려울 수 있다. 제조에 속한 수십 명, 수백 명의 인원들이 챔피언이 되고 주인공이 되면 회사가 얼마나 좋아질까를 상상해보라. 그래서 지금 산덴은 과감히 도전하고 있다.

"하루 20대에서 200대로?
그게 가능하다고?"

13

2018년 6월의 일이다. 아카기 공장으로 가는 차 안에서 G5멤버인 히라노 과장이 회사에 난리가 났다고 귀띔해주었다. 신제품 커피머신 크리스타가 대량주문이 들어왔는데, 납기일이 앞당겨지는 바람에 증원도 해야 하고, 생산라인도 늘려야 하는데 도무지 답이 안 나온다는 것이다. 당시 나는 산덴의 요청으로 자판기 라인만 지도하고 있었다. 그 큰 공장을 한꺼번에 지도하는 건 무리였으므로 셀생산으로의 혁신이 제일 힘든 자판기 라인부터 시작한 것이다. 그런데 커피머신 라인이 많이 다급해 보여 상황을 확인해보았다.

내용인즉, 애초에는 일본 내 편의점 점포에 신제품 크리스타 5만 6,000대를 1년에 걸쳐 납품하기로 되어 있었다. 그런데 납기일이 갑자기 6개월 앞당겨지는 바람에 1년에 맞춰 짜놓은 생산계획에 차질이 생겼고, 납기일에 맞추려면 하루에 200대를 만들지 않으면 안 되었다. 게다가 카푸치노나 카페라테를 만드는 데 필요한 밀크유니트 기계는 그해 1월에 처음 개발된 터라 생산경험도 별로 없고, 복잡한 배관 때문에 작업도 까다로워서 어려움이 더욱 컸다. 담당 제조과장인 나가오카 씨는 어찌할 바를 몰랐다.

"하루에 20여 대 생산하던 수준에서 그 10배인 200대를 생산하려면 3교대를 해도 답이 없었습니다. 결국 사람을 100명 이상 증원하고, 컨베이어 라인도 100m 이상 늘려야 한다는 계산이 나왔죠. 그런데 2층 생산공간에는 인원을 증원하는 것도, 새로운 라인 설치하는 것도 불가능해 보였어요. 이걸 어떻게 해야 하나 정말 고민이 컸습니다."

물론 컨베이어 라인을 늘리고, 3교대를 하고, 증원을 하면 어떻게든 만들기야 만들 것이다. 문제는 그렇게 해서는 적자가 크게 날 수밖에 없다는 것이다. 그렇다고 납품을 안 할 수도 없는 노릇. 난감한 상황에서 히라노 과장이 내게 살짝 귀띔한 것이다.

그때부터 우리는 커피머신 라인을 혁신하는 데 돌입했다. 컨베이어 생산으로는 도저히 승산이 없었기 때문에 셀방식으로 생산하기로 하고, 우선 컨베이어가 있던 2층에서 창고로만 쓰던 1층을 개조하여 새롭게 셀생산을 시작하기로 했다. 만들어서 곧바로 출하하기 쉽도록 1층에서 생산하기로 한 것이다. 커피머신 라인이었기 때문에 클린룸까지는 아니어도 산뜻하고 쾌적한 라인을 만들었다.

또 자체적으로 생산했던 밀크유니트 모듈을 반 이상 협력업체에 맡기면서 인력을 분산하고, 품질검사의 방법도 개선했다. 한꺼번에 여러 가지 변화를 시도하면서 처음에는 혼란과 반발이 뒤섞였다. 특히 공간에 대한 불만이 많았다.

"그 큰 공간에서도 하루에 20대를 겨우 만들었는데, 어떻게 이 조그만 방에서 200대를 생산합니까? 말도 안 됩니다."

이런 반응이 많았다. 어느 정도는 이해할 수 있는 일이다. 셀 생산을 경험한 적이 없는 사람이라면 컨베이어 생산처럼 면적을 계속 늘려야 생산성도 올라간다는 편견을 가질 수밖에 없으니 말이다. 실제로 나가오카 과장은 이렇게 말했다.

"솔직히 처음에는 목표한 생산성에 도달하려면 지금보다 더 긴 라인이 필요할 거라고 생각했습니다. '이렇게 작은 방에서 어떻게 하라는 거지?' 싶어서 사실 많이 당황했습니다. 현실적으로 하루에 100대를 생산하는 것도 어렵겠다고 봤죠. 그런데 밀크유니트 모듈을 협력업체에 내보내는 등 다양한 방침이 내려지면서 점점 실현 가능하지 않을까 하는 기대감도 갖게 되었습니다. 매월 지도회를 거치면서 결과적으로 아카기 공장에 굉장히 급격한 변화가 일어났기 때문이었죠. 실제로 매일매일 늘어나는 커피머신 생산 숫자를 보면서 '곧 200대 생산도 정말 가능하겠구나' 하고 생각했습니다."

마찬가지로 셀리더인 사카구치 씨는 이렇게 말했다.

"2층에서 작업할 때는 운반의 낭비라든가 동작의 낭비 등에 대해서 별로 생각해본 적이 없었습니다. 게다가 키트로 공급받아서 조립하던 것을 스토어나 냉장고 관리를 하라고 해서 처음에는 조금 불안했습니다. 작업장을 1층으로 옮기고 나서도 초기에는 하루에 30대 생산도 어려웠어요. 그때는 정말이지 어딘가로 도망치고 싶었죠. 다행히 많은 사람이 지원해주고, 점차 생산대수도 올라갔습니다. 검사를 개선하는 일도 잘 진행되었고, 작업자들도 빠른 스피드로 훈련되면서 '왠지 잘하면 될 것 같다'는 자신감이 붙었습니다. 저 자신에게도 굉장히 큰 변화의 시간이었고, 성장이 가능했던 1년이었습니다."

"안 되면 고쳐서 또 해보지 뭐."

커피머신 라인의 구성원들은 목표달성을 위해 특별한 지시 없이도 셀컴퍼니장을 중심으로 스스로 개선책을 고민해가며 발전시켜나갔다. 이시야마 사토시 셀컴퍼니장은 그 뿌듯함을 이렇게 간직하고 있다.

"2층에서 생산할 때는 뭔가를 개선하고자 하는 생각 자체가 거의 없었어요. 그런데 1층으로 옮기고 나서는 어떻게 하면 더 잘될까를 매일매일 생각하게 되었죠. 대량생산이라는 문제를 해결해야 하는 상황이 처음이었기 때문에 긍정적으로 가능하다고 생각하면서 행동했습니다. 그래서 '무엇을 어떻게 개선하면 생산성을 더 향상시킬 수 있을까?'를 셀 리더들과 함께 고민했어요. 그 과정에서 20번 이상 레이아웃을 변경하고 개선해나간 결과 하루에 170대 생산이 가능할 만큼 개선되었습니다. 그 후로는 더욱 자신감을 가지고 할 수 있게 되었어요. 함께 고민해주고 조언해주는 사람들이 있었기 때문에 가능한 일이었습니다. '잘 안 되더라도 한번 해보고, 안 되면 고쳐서 또 해보면 되지' 하는 생각으로 계속해서 반복해나갔죠."

결과는 대성공이었다. 증원이나 3교대 없이도 1일 200대를 거뜬히 생산해낸 것이다. 고객사로부터 감사인사도 들었다. 그리고 앞서 얘기한 경이롭고 놀라운 실적도 탄생했다. 모리 사장은 커피머신의 성공을 지켜보면서 셀컴퍼니 시스템에 더욱 강한 확신을 가졌다.

"산덴이 그룹에서 독립할 수 있었던 가장 큰 요인은, 커피머신의 성공으로 큰 이익이 났기 때문입니다. 직원이 바뀌거나 늘어나지도 않았는데 모두가 불가능하다고 생각했던 것이 가능하게 되었죠. 김 고문님이 왜 직원을 '물'이라고 말했는지 실감한 순간이었어요. 그릇을 바꾼 것만으로도 이렇게 큰 성과가 나는 것을 보면서 셀컴퍼니를 반드시 성공시키겠다고 다짐했죠."

퇴사자에게 질문한 3가지 개선사항

"제조가 경시당하지 않고 제대로 대접받으려면 무엇을 어떻게 바꿔야 할까?"

이것이 내가 생산에 30년 이상 몸담으면서 줄곧 생각해오던 고민이다. 그리고 이 문제를 해결하기 위해 셀생산방식을 도입했고, 캐논코리아 안산 공장에서의 성공으로 국내에서는 셀생산 전문가로 알려지는 계기가 되었다. 그 후 셀생산을 둘러싼 간접부문을 포함한 조직의 낭비를 덜어내고 불량률을 획기적으로 감소시킨 셀컴퍼니를 2002년에 완성해 1만 5,000m²밖에 안 되는 작은 공장에서 월 13만 대의 복합기를 생산해 수출하는 대성공을 거두었다. 당시에는 '기종장제도(Cell Company Organization, 이하 CCO)'로 불렸다. 월 4,000대밖에 생산하지 못하던 공장에서 월 13만 대의 생산은 그야말로 '기적'이었다. 그리고 이후 롯데기공의 자판기, 보일러 라인에도 이 혁신적인 노하우를 적용했다.

이러한 일련의 과정들은 내가 캐논코리아의 제조부장이 되면서부터 시작되었다. 나는 1982년 롯데산업(현재의 캐논코리아 전신) 기술과에 입사하여 계속 기술 관련 업무를 했다. 그러다 1988년 생산기술과장이 되었고, 1995년 1월에 느닷없이 제조부장으로 임명되었다. 그때까지 제조 경험은 전혀 없었고, 곁 눈으로 지켜보면서 안타까운 마음만 가졌을 뿐이었다.

하지만 제조부장으로 임명된 다음 날 나는 제조부원들을 모아놓고 안산 공장의 모든 직원들이 제일 부러워하는 제조부를 만들겠다고 호기롭게 선언했다. 제조부원들이 자부심을 느끼며 일할 수 있도록 부서 전체를 멋있게 만들겠노라고 다짐도 했다. 막상 어떻게 하면 그렇게 될지는 막막했지만, 제조부원들과 함께 마음을 맞춘다면 무엇이든 가능할 것이라고 생각했다.

당시의 제조환경은 너무나 열악했다. 협력업체의 품질수준도 낮아서 제조라인에서 부품을 고쳐가면서 조립해야 할 정도였다. 그만큼 직원들의 고생이 심했다. 공장 어디에서도 웃는 얼굴을 찾을 수가 없었다. 제조부장이 된 내 고민과 관심사는 '어떻게 하면 직원들을 웃게 만들까'였다. "즐기는 사람을 이길 수는 없다."라는 말도 있는데, 일을 즐겁게 할 방법이 무엇일지를 계속 고민했다.

나는 제조의 실상을 좀 더 자세히 알고 싶어 직원들과 대화를 시도했다. 그런데 직원들의 반응이 예상과 달리 너무 차가웠다. 내가 바로 옆 부서인 기술과 과장일 때는 같이 얘기도 잘하고 인사도 잘 나누었는데, 직속상사가 되니 눈 마주치는 것조차 피하는 느낌이었다. 대화라도 좀 나눠보려고 다가가도 아예 피해버리니 방법이 없었다. 직원들은, '간부들은 다 회사 편'이고 자신들의 적이라고 생각하는 듯했다.

그때 뜻밖에 찾아와 준 직원들이 있었다. 바로 퇴사자들이었다. 당시에는 퇴사가 빈번했고, 퇴사의 마지막 관문은 부장한테 와서 퇴직인사를 하는 것이었다. 그러나 나는 이 뜻밖의 기회를 놓치지 않았다. 정성껏 차와 다과를 대접하며 그간의 노고에 감사인사를 전했다. 그리고 잠시라도 대화를 나누면서 얼어 있는 마음을 녹이려고 애썼다. 사실 그 전까지는 퇴직인사라고 해봐야 고작 문 앞에 선 직원에게 어색하게 "아, 그래요. 수고했어요. 잘 가요." 세 마디로 끝나는 형식적인 인사가 대부분이었다.

하지만 나는 직원들의 속마음과 그간의 애로사항, 즉 일을 하면서 웃지 못하게 만든 원인을 알고 싶었다. 나는 퇴사자들에게 '시간이 얼마든지 걸려도 좋으니 남아 있는 동료들을 위해 딱 3가지만 개선해야 할 사항을 말해주면 퇴사시켜주겠노라'고 물고 늘어졌다. 마지못해 한두 가지 얘기가 나오기 시작했고 나는 그 이야기를 듣자마자 즉각 바꾸어나갔다. 차츰 이런 사실들이 알려지자 퇴사자들은 조금이라도 더 빨리 퇴사하기 위해서(?) '3가지 개선사항'을 미리 준비해 오기도 했다.

탈의실 개선도 퇴사자 면담 중에 나온 이야기다. 그날도 예외 없이 퇴사자가 찾아왔다. 평소에 착실하게 일을 잘하던 여직원이었다. 왜 퇴사하려는지 이유를 물으니, 그냥 '갑자기 퇴사하고 싶어졌다'고 한다. 나는 조심스럽게 이유를 조금만 더 이야기해달라고 부탁했다. 그 직원의 이야기는 이랬다. 큰맘 먹고 산 멋진 롱코트와 부츠를 신고 기분 좋게 출근을 했는데, 옷을 갈아입다가 갑자기 회사가 싫어졌다는 것이다. 이게 무슨 말일까?

그 당시 탈의실에는 남녀 모두 상하 2단으로 된 철제 캐비닛 옷장이 설치되어 있었다. 그런데 그 옷장이 너무 비좁아서 새로 산 롱코트와 부츠를 둘둘 말아 옷장에 쑤셔 넣으면서 비참한 기분이 들더란다. 나는 면담 후 즉시 탈의실로 향했다. 난생처음 여자 탈의실에 가보니, 나 같아도 그런 마음이 들겠다 싶을 정도로 열악했다.

나는 그 자리에서 남녀 탈의실 개선을 지시했다. 골프장 탈의실 정도로 해달라고 말이다. 한 달여의 공사 끝에 직원들은 좀 더 쾌적하고 깨끗한 환경에서 옷을 갈아입게 되었다. 아마 그 여직원이 그런 이야기를 해주지 않았더라면, 나는 영원히 여자 탈의실에 들어갈 일도 없었을 것이다. 그리고 비용절감이라는 이유로 그 낡고 좁은 철제 캐비닛을 여전히 사용했을지도 모를 일이다.

물론 어떤 사람은 낭비제거와 이익이 중요하다면서 왜 쓸데없는 데 돈을 쓰느냐고 반문할 수도 있다. 하지만 이것이 내가 생각하는 '산 돈'을 쓰는 방법 중 하나다. 직원들을 웃게 만들

수만 있다면, 그 돈은 회사가 망할 정도가 아니라면 얼마를 쓰더라도 살아 있는 돈이다. 그 후 캐논코리아의 쾌적한 탈의실은 공장견학 시 중요한 코스가 되었고, 많은 사람이 부러워하는 장소가 되었다.

채용면접 전에 구내식당 먼저

어려운 여건이었지만 직원들과의 대화를 통해 탈의실, 화장실, 휴게실 등 현장환경도 개선하고 능률도 조금씩 향상시켰다. 그런 식으로 작은 것부터 시작해 개선에 개선을 거듭하면서 생산대수를 늘려나갔다. 그리고 애로사항들이 바로바로 개선되는 모습을 보고 남아 있는 직원들도 조금씩 마음을 열기 시작했다. 그때부터는 해묵은 애로사항이나 고민을 얘기하려고 나를 찾아오는 직원들이 늘어났다.

그런 면담을 통해서 퇴직의사를 철회해준 직원들도 많아졌고, 그분들은 면담하기 전보다 훨씬 더 열심히 일해주었다. 일주일, 열흘 전에만 면담을 했더라도 안 나갔을 거라며 아쉬워하는 직원들을 위해 나는 현장의 서무직원에게 따로 지시를 내렸다. 사직원 서류양식을 가져가는 직원이 있으면 아무에게도 알리지 말고 바로 나에게 연락하도록 말이다. 계장이나 과장들과 면담하면서 퇴직의사를 굳히기 전에 내가 미리 면담을 해서 마음을 되돌리기 위함이었다.

나는 내 업무 가운데 퇴사자 면담을 가장 소중한 업무로 생각하고, 면담내용을 즉각 처리해나갔다. 그러다 보니 새로 채용하는 현장 작업자들을 면접할 시간이 거의 없었다. 그래서 현장 신입사원 채용방법을 대폭 개선했다. 이전에는 현장 작업자를 채용하더라도 임원이나 부장급 간부들이 면접해서 합격시킨 뒤 현장에 배치했다. 물론 직원을 뽑는 것만큼 중요한 일은 없으니, 사람 보는 눈이 있는 임원들이 면접을 보는 것이 당연하다고 생각해서 그리했을 것이다.

하지만 그렇게 합격한 직원이 현장에 배치되고 나면 여러 가지 애로사항이 생긴다. 면접관들은 현장에 몇 명이 필요한지는 알아도 어느 공정에 어떻게 투입될 사람인지까지는 모른다. 그저 막연하게 외모나 태도, 인성 등을 파악하고 그중 자기 사윗감이나 며느릿감을 정하는 기준으로 괜찮은 사람을 합격자로 뽑는다. 그런데 현장에서는 이런 식의 충원에 당혹스러워한다. 어떤 일을 하는지 잘 모르고 배치된 신입사원이나, 어떤 사람인지도 모르고 배치받은 현장 간부들 모두 당황하는 일들이 벌어진다.

예를 들어 그럴듯한 분위기에서 면접을 본 합격자들은 낯선

현장환경에 놀라고, 앞으로 해야 할 일에 또 한 번 놀란다. 맡겨진 일과 근무환경이 자기가 생각했던 것과 너무 다르다 보니, 하루만 버티다 그다음 날 말도 없이 안 나오는 일이 허다하다. 그때마다 현장은 애가 탄다. 위에다 보고하자니 "기껏 뽑아줬더니 어떻게 관리를 했기에 그 모양이냐?"고 타박할 게 뻔하고, 당장 현장은 일손이 부족해 쩔쩔맨다. 안산 공장에서는 거의 매일 이러한 악순환이 반복되고 있었다. 아마 지금도 이러한 '채용의 낭비'에 시달리는 회사가 많을 것이다.

나는 이러한 낭비를 제거하기 위해 그리고 채용되는 신입사원보다 더 중요한 퇴사자들을 더 정성껏 면담하기 위해 면접위원과 방법을 전면 개선했다. 우선 면접위원을 제조과장을 중심으로 한 과장급 인사로 구성하였다. 스케줄 조정이 쉬울 뿐만 아니라 어느 공정에 어떤 사람이 필요한지 정확히 알기 때문이다. 하지만 임원들보다 인재를 판별하는 경험이 적다는 점을 고려해서 최소 3인 이상으로 구성했다.

그리고 취업 희망자들은 면접 당일 10시까지 오게 해서 현장 투어를 시켰다. 먼저 입사한 선배들이 어떤 환경에서 어떻게 일하는지를 보고, 만약 합격하게 되면 자신의 미래가 어떻게 펼쳐질지 상상해볼 시간을 주기 위해서였다. 그다음 사원식당에서 함께 밥을 먹으면서 앞으로 매일 먹게 될 식사를 미리 맛보게 했다. 이 과정이 끝난 뒤 면접 의사를 묻고 희망하는 사람들만 면접을 보았다.

면접에서는 사윗감이나 며느릿감이 아니라 그 공정에 꼭 필요한 사람을 선발하기 위해 여러 가지 테스트를 했다. 즉 무거운 물건을 옮기는 공정에는 그에 걸맞은 체력을 갖춘 사람을 선별하기 위해 무거운 것을 들어보게도 했고, 동작이 빠른 사람이 필요한 공정에는 거기에 적합한 인재를 뽑기 위해 시험을 본다. 그밖에 잔업, 특근 등이 가능한지 여부도 확인한다. 이렇게 면접방법을 바꾸자 하루 만에 그만두는 직원들은 거의 사라졌고, 생산라인이 안정되기 시작했다.

멈춤생산,
인간을 존중하는 방식

1985년 일본 캐논과 합작한 캐논코리아는 1987년 수출물량을 생산하기 위하여 그 당시 10억 원이 넘는 자금을 투자하여 106m 길이의 트롤리 컨베이어 시스템을 설치했다. 거기에는 약 80명의 작업자가 배치되었는데, 그중에는 드문드문 신입사원도 있었다. 그런데 이 직원들은 성별도, 키도, 나이도, 입사일도 다르고, 숙련도와 작업 스피드도 각각 달랐다. 그러다 보니 컨베이어가 빠르게 돌면 작업속도가 느린 작업자들은 스피드를 쫓아가지 못했다. 그런 신입직원들은 화장실도 못 가고 울면서 작업하는 등 엄청난 곤욕을 치렀고, 당연히 작업결과도 안 좋아 각종 불량재고와 불량품이 많이 발생했다. 그렇다고 해서 컨베이어 속도를 늦추면 작업 스피드가 빠른 직원들(주로 경력이 길고 월급도 많이 받는 숙련자들이다)이 천천히 작업하게 되니 생산성이 무너지고 효율도 낮아진다.

결국 컨베이어 시스템은 그 속도를 마냥 빠르게도, 느리게도 할 수 없어 그 중간선을 찾아가면서 적당히 돌릴 수밖에 없다. 그에 따라 직원들의 보람과 목표달성에 대한 성취감도 저하되고, 사기 또한 낮아질 수밖에 없는 구조다. 화장실도 못 가는 상황에 컨베이어에 매달려 강제로 끌려가면서 일을 하니 웃는 직원이 없는 것이 당연한 일이다. 일하면서 직원들이 즐겁지 못했던 이유, 웃지 못하게 만든 범인은 바로 컨베이어 시스템이었다.

그러나 나도 셀생산으로 전환하기 전까지는 컨베이어만이 유일한 생산방법이라고 믿었다. 그런데 컨베이어를 뜯어내고 셀방식을 경험하면서 컨베이어 시스템이 이제까지 얼마나 많은 낭비로 회사에 피해를 입혔는지, 불평도 못 하고 고생한 제조직원들에게는 또 얼마나 말 못 할 고통을 입혔는지 깨닫게 되었다. 작업환경이 이렇게 열악하고 힘드니 직원들은 당연히 줄줄이 퇴사할 수밖에 없었고, 그런 마음자세로 만든 제품 역시 시장클레임이 빈발했다. 아무리 노력해도 작업자들의 작업미스에 의한 클레임도 여전했다.

이렇듯 생산성, 품질, 불량, 재고 등 모든 면에서 낭비덩어리였던 컨베이어 시스템을 낭비인 줄도 모르고 매일매일 쓸고 닦고 기름 치면서 행여 고장이라도 날까 봐 애지중지했던 것이 어이없을 정도였다. 낭비가 무서운 것은 이렇듯 제거한 후에야 비로소 알게 되기 때문이다. 제거되기 전에는 낭비인 줄도 모르는 것이 바로 낭비다. 그래서 낭비가 뭔지 배워야 한다.

우연히 본 6쪽짜리 자료

그렇게 나는 안산 공장에 달랑 하나밖에 없던 컨베이어 라인을 애지중지하면서 울면서 작업하는 직원들을 설득도 하고 여러 가지 개선도 하면서 조금씩 생산성을 올려나갔다. 결국 한 달에 2,000대 정도밖에 생산하지 못하던 복사기를 4,000대까지 늘려 생산량을 2배로 끌어올렸다. 하지만 106m짜리 컨베이어 하나로는 더 이상 생산량을 늘리지 못하는 한계점에 다다랐다. 그 유일한 해결책으로는 새로운 컨베이어를 설치하는 것밖에 없었다.

하지만 1만 5,000m²의 자그마한 공장에는 더 이상 106m짜리 컨베이어를 설치할 만한 직선거리가 나오지 않았다. 결국 현재의 안산 공장에서는 컨베이어 추가 설치가 불가능하다는 결론이 났다. 이러지도 저러지도 못하던 와중에 IMF가 터졌다. 그나마 겨우겨우 늘려놨던 생산량은 급감했고, 결국 공장의 컨베이어를 멈춰 세울 수밖에 없는 상황이 되었다.

이때 천재일우와 같이 발견한 것이 바로 셀생산방식이었다. 1997년 겨울, 일본 캐논에 출장을 갔다가 우연히 셀생산에 대해 알게 되었다. 당시 나도 '이거구나!' 하는 강한 충격과 함께 흥분이 일었다. 이 책의 서두에 소개했던 모리 상무가 롯데기공을 찾아와서 느꼈던 것과 비슷한 감정이었을 것이다.

14. 멈춤생산, 인간을 존중하는 방식

일본 캐논에서는 프린터 공장과 타이프라이터 공장부터 셀생산이 시작되었고, 그다음 과정으로 복사기 공장도 셀생산을 하라는 본사의 지시가 내려왔다. 이를 위해 복사기 공장에서는 셀생산을 도입하기 위한 스터디가 이루어졌고, 그 과정에서 우연히 내가 6쪽짜리 기초자료를 보게 된 것이다. 그리고 5분여의 짧은 설명을 들을 수 있었다.

그 6쪽짜리 자료는 "내년 초에 캐논 회장님이 오시면 앞으로 이렇게 하겠다고 보고하려고 간단히 만들어놓은 것"이라고 했다. 그러나 캐논 복사기 공장의 나가오카 공장장은 프린터처럼 작은 것은 가능하지만, 복사기같이 크고 복잡한 것은 셀생산이 어려운데도 자꾸 하라고 한다면서 매우 부정적이었다. 어쨌거나 그 후 일본 캐논의 복사기 공장은 공장장이 교체되고 나서야 셀생산을 시작하게 되었는데, 이는 캐논코리아보다 3년이나 늦은 때였다.

그때 나는 '셀생산'이라는 단어만 들은 것이나 마찬가지였다. 하지만 일본 캐논 복사기 공장보다 더 다급했고, 또 어쩌면 좁은 안산 공장 내에서 이전보다 더 많이 생산할 좋은 방법이 될 것 같다는 기대감에 들떴다. 나는 독학으로 셀생산방식에 대해 구체적으로 연구하기 시작했다. 풀리지 않던 문제가 조금씩 풀리기 시작한 것이다.

앞에서도 이야기했지만, 셀생산은 소수의 인원이 그룹을 이뤄 제품생산의 첫 공정부터 최종 공정까지 담당하여 완제품을 만들어내는 멈춤생산방식이다. 모터가 끌어주지 않기 때문에 작업자는 작업이 끝날 때까지 그 자리에 멈춰 있다. 앞서 컨베이어 시스템에서 작업자들이 기계가 끌어주는 힘에 강제로 딸려가면서 일을 하게 되고, 잠시라도 딴생각을 하면 작업이 늦어지거나 불량이 발생하는 구조라서 지혜를 사용할 수 없는 비인간적인 시스템이라고 설명했다.

하지만 셀생산방식은 멈춤생산이기 때문에 작업자의 경험과 지혜를 바탕으로 얼마든지 업무를 재미있게 개선해나갈 수 있다. 또한 레이아웃 변경이 자유로워서 주문물량의 증감과 시장 여건의 변화에 따른 대응과 개선이 쉽고 빠르다. 또한 멈춤생산이므로 화장실도 못 가고 울며불며 컨베이어벨트를 따라 일하던 흐름생산과 비교하면, 여러모로 인간존중의 생산방법이라고 할 수 있다.

일부러 화장실 옆에 설치한 시범운영 셀

하지만 내가 처음으로 캐논코리아에서 셀생산방식을 소개하고 제안했을 때, 모든 간부와 직원들이 반대했다. 뭘 알아서 반대하는 것이 아니라 그냥 새로운 것을 하면 귀찮아질 거라는 생각에 막연하게 '반대를 위한 반대'를 한 것이다. "1대당 3분 작업하는 것도 힘든데 15분씩이나 더 작업하라고요? 우리를 다 죽일 거요?" 하는 항의까지 나왔다. 그래도 난 해야 했다.

결국 나는 윗분들을 설득하고 또 설득해서 컨베이어 생산에 물들지 않은 6명의 직원을 신규 채용했다. 그리고 미국 수출용 디지털복사기 셀라인을 시범적으로 가동했다. 당시 안산 공장에는 일손이 남아도는 상황이었는데도 불구하고 신규 채용을 감행한 것이다. 이 6명에게 셀생산과 공장의 운명, 그리고 내 운명이 달린 셈이었다.

나는 시범운영할 셀라인을 어디에 설치할까 고민에 고민을 거듭하다 화장실 근처 자리로 정했다. 6인용 규모의 작은 라인이었기에 손바닥(?)만 한 사이즈였고, 사실 아무 데나 설치하면 그만이었다. 하지만 극렬히 반대하는 직원들이 화장실을 오가면서 셀생산 작업광경을 우연히라도 볼 수 있도록 일부러 화장실 근처에 설치했다.

"우리를 다 죽일 거요?" 하며 길길이 반대하던 직원들은 셀라인 직원들이 복사기가 움직이지 않는 멈춤생산 라인에서 웃고 협조하면서 즐겁게(심지어 화장실도 자유롭게 다니며) 일하는 모습을 목격했다. 당연히 반대하던 목소리도 점점 사그라들었다. 그리고 6개월 후 공장 전체의 컨베이어가 철거되었다.

셀생산은 컨베이이가 차지하는 면적의 10분의 1만으로도 같은 양의 생산이 가능하다. 단납기 대응이 가능하고, 다품종 소량생산에 적합하다고 알려져 있다. 그러나 내 경험으로는 운영 방법만 잘 습득하면 소량이 아닌 대량생산도 전혀 문제가 없다. 일례로 캐논코리아에서는 셀생산을 시작하자마자 디지털 복사기 수출이 엄청나게 늘었다. 1999년 7월 200대를 시작으로, 9월에 500대, 12월에 1,000대, 2000년 2월에 2,000대, 4월에 4,000대, 6월에 6,000대를 전혀 문제없이 생산했다. 그리고 2000년 8월 이후에는 월 1만 대를 생산해 수출했다. 이러한 생산증가는 셀이 아닌 컨베이어 생산이었다면 절대 대응할 수 없는 불가능한 숫자다.

이렇듯 셀생산은 컨베이어의 흐름생산과는 완전히 다른 방법이다. 예를 들어 컨베이어 생산에서 흘러가는 라인에 투입해야 하는 인원이 100명이고, 컨베이어가 한 바퀴 돌 때 100대를 만들 수 있다고 단순하게 가정해보자. 컨베이어 생산에서는 그 100명을 다 채워야만 라인이 구성되고, 돌아갈 수 있다. 즉 딱 1대만 주문이 들어와도 100명을 투입해야만 제품이 만들어지는 구조다. 그렇게 컨베이어를 가동하면 최소 100대를 만들어 그중 1대를 팔고 나머지 99대는 재고로 쌓이고 만다.
이러한 문제점을 해결하기 위해 공장에서는 컨베이어를 돌리

14. 멈춤생산, 인간을 존중하는 방식

기 위한 최소한도의 주문량을 영업부에 요구하고, 이것을 만족시키기 위해 먼저 주문한 고객은 주문 후 3개월, 심지어는 6개월 이상 기다려야 하는 게 현실이다.

그러나 경쟁사도 많고 상품도 풍부해진 요즘 소비자들은 기다려주지 않는다. 이미 오늘 주문하면 내일 도착하는 시대다. 기다려주지 않는 소비자에게 하나라도 더 팔기 위해서 기업은 필사적으로 노력하고 있고, 궁여지책으로 언제 팔릴지도 모르는 재고를 떠안으면서까지 대응하는 게 현실이다. 2018년 내가 혁신을 지도하러 산덴 아카기 공장을 처음 방문했을 당시 산덴도 1,000억 원에 가까운 엄청난 재고를 가지고 있었다. 그 넓은 아카기 공장 곳곳이 수많은 제품재고와 부품재고들로 가득 차 있었다.

이렇듯 컨베이어 시스템은 생산성은 생산성대로, 품질은 품질대로, 원가는 원가대로 어느 것 하나 좋은 것이 없었다. 그러나 그동안 대안이 없어 많은 회사가 울며 겨자 먹기로 운영해온 시스템이라는 게 내가 경험에서 얻은 결론이다.

그런데 셀생산은 1대가 필요하면 혼자 만들고, 5대가 필요하면 5명이 만들 수 있도록 레이아웃을 유연하게 조절할 수 있다. 사실 컨베이어가 없던 시절 소규모로 뚝딱뚝딱 만들던 그 방식과 유사하다. 이것이 대량생산이 되면서 컨베이어로 바뀌었다가 다품종 소량생산이 필요해지면서 1990년대 초반 '셀'이라는 명칭으로 다시 등장한 것이다.

청각장애인으로 구성된 '아이 캔' 셀의 기적

나는 레이아웃을 자유자재로 변경할 수 있는 셀방식의 장점을 설명할 때면 '아이 캔 셀' 사례를 소개하곤 한다. 캐논코리아를 빛나게 해준 청각장애인 셀인 '아이 캔 셀'은 내 직장생활을 통틀어 가장 보람된 일이기도 하다.

안산 공장에서 셀생산 개시 후 10년이 지난 2008년까지도 캐논코리아에 장애인 직원은 단 1명뿐이었다. 그 당시 장애인 의무고용률 2%에 턱없이 모자라는 0.11%였다. 2009년 7월 캐논코리아는 지극히 저조한 장애인 채용률을 높이기 위하여 장애인고용촉진공단과 고용확대를 위한 협약식을 하게 되었다.

나는 그때 생산본부장이었는데 이 협약식 사진을 보면서 인원을 가장 많이 고용하고 있는 곳이 공장인데, 공장의 어느 곳에 어떻게 하면 장애인을 채용할 수 있을까 고민하게 되었다. 그런데 오래된 공장 건물에는 장애인을 위한 편의시설은커녕 엘리베이터조차 없었다.

이렇게 저렇게 궁리해봤지만 결국 우리 공장에서는 공장 구조상, 그리고 복잡하고 까다로운 복합기를 생산하는 관계로 장애인 채용은 불가능하다는 쪽으로 거의 결론이 났다. 그즈음 마침 일본 캐논에서 출장 온 기술자가 내 방에 들러 인사를 하게 되었다. 서로 일본어로 얘기를 주고받으면서 나는 문득 한 가지 생각이 스쳤다.

'아! 이 직원은 한국말을 전혀 모르는데, 일본어라는 수단을 사용해서 아무 문제 없이 일을 하는구나. 그렇다면 청각장애인이라면 수화를 통해 공장에서 함께 일할 수 있지 않을까?'

그리고 장애인 편의시설도 따로 필요 없어 건물을 고치거나 바꿔야 하는 제약도 없으니 채용이 가능할 듯했다. 일본 직원과의 인사가 끝나자마자 바로 채용 담당 과장을 불러 3가지를 지시했다.

첫째, 오늘부터 우리는 장애인을 채용한다.
둘째, 장애인 채용은 청각장애인에 한한다.
셋째, 하나의 셀을 통째로 맡긴다.

참고로 당시 현장에서는 장애인 셀 구성에 난색을 표했는데, 나는 이를 무마하려고 12명 구성인 한 셀에 30%의 인원을 더 보강해주어서 16명 편제를 승인하였다. 그러고 나서 채용 담당 과장이 바로 장애인고용공단에 연락했다. 막상 채용을 하려고 보니 16명을 채우는 게 여간 어려운 게 아니었다. 면접에 응한

친구들 중에서 근무하기가 나소 어렵지 않겠나 판단한 사람까지 포함하여 간신히 16명을 채용할 수 있었다.

선발된 16명은 장애인고용공단에서 2개월간 회사적응 훈련을 포함한 특별교육을 받은 후 3개월 만인 10월에 캐논코리아에 배치되었다. 나는 어떻게 하면 이 보물들이 잘 정착하고 일을 잘할 수 있을지 곰곰이 생각했다. 그래서 거창한 입사식을 준비했다. 특별히 가족들을 초청해 회사 현황을 브리핑하고 공장견학을 한 후에 입사식을 거행했다. 수화를 할 줄 아는 사람이 1명도 없었기 때문에 장애인고용공단의 전폭적인 지원을 받을 수밖에 없었다.

입사식에서 그분들에게 사원증을 전달하고 한 명 한 명 정사원으로 채용한다는 사령장을 수여했다. 그 후 각자 입사소감과 포부를 이야기하고 가족들의 소감도 들었다. 그분들이 채용해줘서 고맙다는 얘기를 하며 울먹이던 순간을 지금도 잊을 수 없다. 또한 참석한 부모 중에는 이제 여한이 없다, 안심하고 눈을 감을 수 있다, 캐논코리아가 잘되도록 기도하겠다는 등의 감사를 전한 분들도 있었다.

이 직원들은 장애인 사원 1기생이라는 사명감과 책임감으로 정말 열심히 일해주었다. 그 결과 입사 3개월 만에 일반 직원들과 똑같이 100% 이상의 능률을 달성하여 처음에 30% 여분으로 허가해준 인원 4명이 남게 되었다. 마침 수출물량도 계속 증가하던 터라 청각장애인 8명을 추가로 채용하기로 했다. 그때는 청각장애인들 사이에서 캐논코리아가 좋은 회사라는 소문이 퍼져서 10 대 1이 넘는 치열한 경쟁을 거쳐 아주 우수한 청각장애인 사원들을 뽑을 수 있었다.

나는 장애 사원을 채용할 때마다 가족들을 모시고 입사식을 거행했다. 장애 사원들이 힘들고 어렵다며 그만두려고 할 때마다 가족들이 위로하고 격려해준 덕분에 캐논코리아는 장애인 채용을 계속할 수 있었다. 내가 롯데알미늄 대표이사로 옮길 무렵 9기생까지 입사하여 60명이 넘었고, 이는 전체 생산직의 30%가 넘는 인원이었다. 그 후 나는 셀컴퍼니 관련 혁신 강연과 함께 장애인 고용확대를 위한 강연도 많이 하게 되었고, 그 공로로 2012년에 철탑산업훈장도 받게 되었다.

캐논코리아 안산 공장은 셀생산방식으로 변경한 후 생산성과 품질이 향상되고 보람과 성취감이 높아져 직원들의 사기도 크게 올라갔다. 셀생산을 개시한 이후 생산성이 1년 만에 24%나 증가했고, 품질은 컨베이어 때보다 10배나 좋아졌다. 직원 설문조사를 실시해보니, 그렇게 반대했던 직원들도 전체의 45.2%가 성취감이 높아졌고, 책임감은 30% 증가했으며, 보람은 40% 증가했다고 밝혔다. 그리고 '일이 힘들다'는 직원은 컨베이어 때보다 3.5% 감소했다.

이처럼 셀생산방식은 직원들을 행복하게 해준다. 셀생산을 처음 시작하려고 했을 때 현장 작업자들 대부분이 극렬하게 반대했는데, 그때 내가 직원들을 설득하며 한 말이 바로 '인간존중'이다. 나는 그 당시 "이제부터 화장실을 자유롭게 갈 수 있습니다. 그리고 그것이 바로 인간존중의 첫걸음입니다."라고 설득하곤 했다.

5점짜리 라인을
60점짜리 라인으로

15

이 책의 앞부분에서 밝혔듯이, 처음 아카기 공장을 방문했을 때 공장이 몇 점 정도 되냐는 질문에 '100점 만점에 5점'이라고 했다. 그렇게 점수가 낮았던 자판기 생산라인은 지도회가 시작되고도 한동안 5점 상태 그대로였다. 그리고 작업자들의 불만은 하늘을 찔렀다. 그도 그럴 것이 컨베이어를 완전히 철거한 것이 아니라 컨베이어에서 모터만 떼어내고 컨베이어 위에 볼 베어링 타입의 롤러를 달아 작업했기 때문이다. 그리고 각자 작업이 끝나면 작업자가 다음 공정으로 밀어주어야 했는데, 자동판매기 중량이 무거운 것은 500kg 이상 나가는 것도 있어 두 손으로 밀어도 여간 힘든 것이 아니었다. 그러니 멀쩡하게 잘 돌아가던 컨베이어를 괜히 망가트려 놓은 꼴이 되었다. 아무도 나를 좋아하지 않았다.

나는 내가 한 짓은 아니었지만, 심스발표를 들으러 자동판매기 라인 쪽으로 갈 때마다 작업자들에게 미안한 마음이 들었다. 자동판매기 라인을 완벽한 셀라인으로 만들기 위해서는 정말 여러 가지 난제가 많았다. 산덴의 생산기술과에 몇 가지 아이디어를 주었지만 별 다른 움직임도 없었다. 크리스타 생산을 성공시킨 것처럼 다들 내가 어떻게 해줄 것이라고 바라고만 있는 듯했다.

사상 초유의 지도회 중단 사태

자동판매기는 제품 높이가 2m 정도의 직육면체 구조다. 자동판매기 문을 열어보면 바닥부터 부품이 가득 차 있다. 이 맨 밑바닥의 부품들을 조립하기 위해 컨베이어 시스템에서는 컨베이어 높이를 바닥에서 60cm 정도 높여서 조립했고, 컨베이어를 완전히 철거하게 되면 현장 바닥이 낮아서 밑에 있는 부품들은 조립 자체가 곤란해진다. 작업자가 내려가서 작업할 수 있도록 바닥을 팔 수도 없고, 해결책이 없는 상태로 가을로 접어들고 있었다.

그러는 와중에도 자동판매기 라인은 심스를 통한 개선활동으로 많은 부분이 개선되고 있었다. 나는 반드시 맨 바닥에서 조립해야 생산효율이 좋아진다고 생각하고 있었기에 바닥으로 내려서 조립할 방법을 찾으려 골몰했다. 그러던 중 2018년이 다 가기 전 한 가지 아이디어가 떠올랐다. 하부작업의 부품을 조립할 때만 허리 높이까지 제품을 들어 올리면 되겠다는 것이었다. 나는 구상한 설비를 적당히 스케치하여 생산기술과에 아이디어를 넘겼다. 최대한 빨리 제작하여 다음 달 지도회 때 시연을 해보자고 당부하면서 말이다.

한 달 뒤 나는 엄청난 기대를 하며 현장에 도착했다. 그런데 만들라고 한 장비의 뼈대만 덩그러니 놓여 있었다. 아무런 움직임도 없는 쇳덩어리만 갖다 놓고서 담당자는 여러 가지 안 되는 이유를 장황하게 늘어놓았다. 나는 정말 화가 나서 "안 되면 되게 하는 게 당신 업무인데, 한 달 동안 뭘 하고 있다가 지금 와서 그따위 소릴 합니까?" 하며 버럭 소리를 질렀다. 그러고는 놀라서 쳐다보는 직원들을 뒤로하고 혼자서 회의실로 돌아와 버렸다. 정말 화가 많이 났다. 따지고 보면 그건 내 일이 아니라 자기 회사, 자기 일인데 남의 얘기하듯 이런 저런 핑계를 대는 게 정말 싫었다.

놀란 공장장과 세 본부장이 뛰어와 머리를 조아리면서 사과를 했지만, 분이 풀리질 않았다. 1년 가까이 웃으면서 칭찬만 해주던 사람이 50명이 넘는 참가자들과 모든 간부들이 있는 데서 그렇게 화를 내고 나와 버리니 적잖이 당황했던 모양이다. 그렇게 모리 사장이 가장 공을 들이는 지도회가 덜컥 중단되었으니 난리가 날 만했다.

하지만 나는 공장장에게 잘 부탁한다는 말만 남기고 바로 귀국해버렸다. 사상 초유의 지도회 중단 사태가 벌어진 그다음

달 지도회에서는 100점짜리는 아니지만 제법 동작을 하는 장비를 시연할 수 있었고, 두세 번에 걸친 시행착오를 거쳐 3개월 후에는 제법 쓸 만한 장비가 완성되었다. 그 신장비를 산덴에서는 내 이름을 따서 'K맨'이라고 불렀다.

이런 우여곡절을 겪은 후 자신감이 생기자 2019년 8월 여름 휴가 때에는 컨베이어를 완벽하게 철거하고 자동차가 도로를 달리듯 자동판매기가 라인 바닥에서 생산되었다. 작업자들의 얼굴에 웃음꽃이 피었음은 물론이고, 생산성도 급격하게 올라갔다. 이제 겨우 60점짜리 라인이 완성되었고, 현장직원들의 지혜가 더 많이 모여 점점 더 완성도 높은 라인으로 변화해가고 있다.

일본 최초의 셀컴퍼니 킥오프

커피머신 크리스타 생산도 성공하고, 자동판매기 셀라인도 모양을 갖추자 산덴에서도 셀컴퍼니를 빨리 시행하고 싶다는 얘기가 몇 번이나 나왔다. 당연한 일이다. 나는 우선 셀컴퍼니에 대한 공감대를 형성하기 위해 현장직 반장들을 포함한 250여 명을 대상으로 셀컴퍼니 특별강연을 진행했다.

셀컴퍼니는 2002년 2월 1일 캐논코리아 안산 공장에서 시작한 조직혁신, 낭비제거를 실행한 새로운 개념의 생산 시스템이다. 그 방식은 2~3개의 셀생산라인을 하나의 컴퍼니, 즉 셀컴퍼니로 만들어, 부품발주부터 생산, 출하까지 전 과정을 책임지고 자율적으로 운영하는 자기완결형 조직이다.

각각의 셀컴퍼니에는 사장 역할을 하는 셀컴퍼니장 아래 셀장이 이끄는 셀라인과 셀원 등이 있고, 셀컴퍼니장을 보좌하는 인력으로 간접인원인 마이다스, 서포터, 리졸버(resolver)가 배치된다. 셀컴퍼니장은 해당 제품이 태어나서 단종될 때까지 모든 책임을 지며, 작업자 통제권한 등을 갖는다. 보좌조직과의 협력을 통해 셀컴퍼니를 이끌어간다. 이 보좌조직은 셀컴퍼니에만 있는 독특한 구조다. 특히 간접인원의 멀티플레이어화를 추구하는 마이다스 제도는 셀컴퍼니의 성패를 좌우하는 핵심 열쇠다.

발주부터 출하까지 가능한 셀컴퍼니가 되기 위해서는 간접부문의 역할인 생산관리, 자재, 검사, 물류가 결합되어야 한다. 그런데 제조 셀은 작은데 간접인원이 너무 많이 붙으면 그 회사는 망한다. 때문에 생산관리, 자재, 검사, 물류를 다 할 수 있는 멀티플레이어, 즉 마이다스가 필요하다. 마이다스는 2급, 1급, 슈퍼 마이다스로 나뉘는데, 본래 자기가 해왔던 업무에 1가지 더 할 수 있으면 2급, 2가지 더하면 1급, 4가지 업무를 다 할 수 있으면 슈퍼 마이다스가 된다. 그리고 매년 시험을 통해 마이다스 승급 기회를 주고, 변화된 기종이나 환경에 맞추어 계속 레벨업 시켜나간다. 즉 한 번 마이다스가 영원한 마이다스는 아니며 매년 재시험을 거쳐 다시 인정받아야 한다.

고도 성장기와 대량생산 시대를 거쳐 오면서 회사의 많은 간접업무가 계속 분업화되었다. 그러면서 필연적으로 업무분장이 애매해지고 책임소재도 불명확해지는 등 많은 폐해가 발생하기도 했다. 셀컴퍼니는 조직이 비대해짐으로써 생길 수밖에 없는 정보전달의 오류나 지연의 문제, 부서이기주의 등 각종 간접입무의 폐해들을 제거하고, '하는 척'하는 업무, 해도 별 의미가 없는 업무 등을 철저히 배제한다. 그런 식으로 간접부문이 소수정예 인원으로 좀 더 부가가치가 높고 한층 더 전문성이 있는 업무를 수행하도록 돕는 것이다. 이렇게 제조, 생산과 관련된 간접부문의 업무가 결합됨으로써 셀컴퍼니는 뛰어난 기동력을 갖게 된다. 결과적으로 시장변화와 고객요구에 스피드 있게 대응할 수 있다.

예를 들어 캐논코리아는 셀컴퍼니를 탄생시켜 운영하면서 대단히 큰 성과를 이루어냈다. 우선 생산을 컨베이어에서 셀방식으로 전환한 지 1년 만에 1인당 생산성이 34% 증가했다. 그리고 간접조직의 낭비를 없애고 자기완결형 조직을 갖춘 셀컴퍼니 시스템을 도입한 지 1년 만에 1인당 생산성이 셀생산과

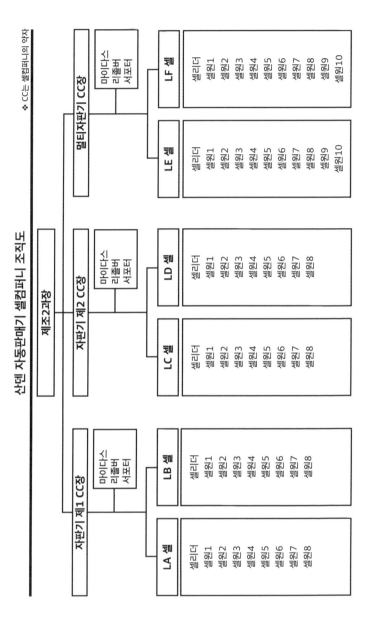

산타 자동판매기 셀컴퍼니 조직도

❖ CC는 셀컴퍼니의 약자

비교하여 다시 23.4% 증가했다. 부품재고는 85% 감소했고, 상품재고는 74%가 감소하는 획기적인 성과를 보였다.

특히 그렇게 속을 썩이던 클레임이 거의 제로에 가까울 정도로 낮아졌고 작업자의 의식이 향상되었다. 무엇보다도 셀컴퍼니 전환 후 직원들이 보람과 성취감을 느끼면서 훨씬 더 즐겁게 일하게 되었다. 셀컴퍼니 시스템의 만족도 조사에서 직원들의 64%가 만족, 34%가 대체로 만족한다고 답했다. 만족한다고 대답한 이유로는 단합된 모습으로 결속하고 공유히는 것 28%, 책임감과 소속감이 생긴 것 20%, 다양하고 새로운 경험이 가능하다는 것 18%, 자체적으로 문제해결이 가능해져서 좋다는 것이 11%를 차지했다.

이런 성과들을 바탕으로 캐논코리아는 2002년 대한민국 우수공장 월드클래스 인증을 취득했고, 2004년에는 제1회 제조기업 대상을 수상하기도 했다. 캐논코리아가 비약적으로 발전할 수 있는 기틀이 된 것이다.

포장마차, 보험왕, 고스톱에서 답을 찾다

셀컴퍼니는 어떻게 생겨났을까? 앞서 소개했듯이 1998년부터 캐논코리아 안산 공장에서 셀생산방식이 시작되었고, 셀생산을 운영하면서 드러난 제반 관리상의 문제점과 낭비가 많은 간접조직을 획기적으로 개혁하면서 만들어진 생산 시스템이 바로 셀컴퍼니다.

안산 공장은 셀생산 이후 이런저런 문제를 해결함과 동시에 컨베이어 시스템을 훨씬 능가하는 효율과 생산성을 확보했다. 하지만 셀생산만으로 모든 문제가 해결된 것은 아니었다. 가장 큰 문제는 셀생산방식을 관리할 수 있는 관리 시스템의 부재였다. 어렵게 셀방식을 도입했지만, 이를 운용하는 관리 시스템은 여전히 컨베이어 시절 관행에서 벗어나지 못하고 있었다.

다시 말해 몸통인 생산방식은 컨베이어에서 셀로 바뀌었지만, 머리인 관리나 운영방법은 컨베이어 방식 그대로였기 때문에 몸통 따로 머리 따로 놀면서 여러 가지 혼란과 문제들이 야기되었다. 그러다 "역시 컨베이어 방식이 더 나은 것 아니냐?" 하는 얘기까지 나오면서 컨베이어로 회귀해야 한다는 분위기가 생기기 시작했다. 게다가 셀생산은 컨베이어 방식에 비해 작업자의 생산속도를 관리하기 어렵다는 문제점이 있었고, 숙련도가 높지 않은 작업자의 경우 생산성 저하나 제품의 불량 가능성도 높았다.

그러나 아무리 셀생산에 성공했다는 회사들의 사례를 살펴봐도 이러한 문제를 해결하는 방법은 어디에도 없었다. 나는 이번에도 고민에 고민을 거듭했다. 그리고 기왕에 셀생산을 시작했고, 컨베이어도 이미 철거해버렸으니 스스로 관리방식을 만들어보자고 결심했다. 그렇게 탄생한 것이 '기종장제도'다. 이것을 '셀컴퍼니 오거니제이션(Cell Company Organization)'의 약자로 CCO라고 불렀다.

자기결정권이 있으면 일이 재밌다

CCO는 생산관리, 자재, 검사, 품질, 제조 등 생산활동에 필요한 모든 기능을 셀에 집약시킨 일종의 자율경영팀이다. 나는 이 시스템을 구상하면서 포장마차와 보험왕, 그리고 고스톱에서 아이디어를 얻었다. 이게 무슨 말일까?

현장 작업자에게도 조직 내에서 돈과 명예, 권력을 가질 기회를 부여하는 것이 이 제도의 핵심이다. 보험이나 자동차 업종의 영업조직에서는 '판매왕'에게 큰 보상금을 지급해 동기를 부여한다. 나는 어떻게 하면 이것을 생산현장에 접목할까 고민했다. 그리고 딱히 돈이 벌리는 것도 아닌데 사람들이 고스톱에 푹 빠지는 재미의 요소가 무엇일까를 고민했다. 내 생각에 사람들이 고스톱을 좋아하는 이유는, '고냐 스톱이냐'를 스스로 결정할 수 있어서, 즉 자기결정권을 발휘할 수 있어서라고 생각한다.

이러한 자기결정권을 가지고 마치 포장마차 주인처럼 독자적이면서도 자율적으로 운영하려면 어떻게 해야 할까? 나는 2년 넘게 연구하고 또 고민했다. 그리고 2002년 월드컵 때 온 국민이 붉은 악마 티셔츠를 입고 전국적으로 열심히 응원하며 재밌게 놀았던 것도 생각해보았다. 축구응원처럼 생산현장에서도 직원들이 멋있고 재미있게 노는 판을 깔아줄 수는 없을까?

즐거운 상상과 고민을 거듭한 끝에 어느 정도 구상이 구체화되고 나니 이제 이 엄청난 것을 어떻게 현실화해야 하나 하는 더 큰 문제가 앞을 가로막았다. 직원들과 간부들을 설득해야 하는 것은 물론이고, 조직을 건드리고 새로 만들어야 하니 본사 관리부문과 일본 캐논의 승인도 필요했다. 그중에서 가장 큰 문제는 합작 상대방인 일본 캐논 쪽을 설득하고 조직승인을 받는 문제였다. 당시 캐논코리아는 생산제품의 90% 정도를 수출하고 있었기 때문에 일본 캐논의 품질부문에서 승인해주어야만 가능한 일이었다. 절대적인 조건인 셈이다.

생산관리, 자재발주, 검사 등의 업무는 지난 100년간 공장에서 가장 중요한 핵심부서라고 다들 알고 있었다. 그런 중요 업무를 제조부서로 보낸다는 생각은 그 당시 분위기로는 상상도 할 수 없는 무모한 발상이었다. 하지만 만약 실현만 된다면 지구상에서 가장 이상적인 제조현장을 구현할 수 있다는 설렘과 두근거림도 있었다.

나는 'CCO'라는 단어는 입 밖에도 내지 않고 가벼운 분위기에서 공장 간부들이나 제조직원들의 의견을 들어보기 시작했다. 직원들은 내가 뭘 하겠다는 것인지 정확히는 몰라도 그렇게만 되면 좋겠다고 했다. 하지만 현실적으로 그게 가능하겠느냐는 회의적인 반응들이 대부분이었다.

특히 일본 캐논의 품질부문을 설득하기란 다들 불가능할 것이라고 했다. 당시 일본 캐논의 품질담당 직원들이 수시로 출장검사를 나왔는데, 그중에는 아주 꼼꼼하고 융통성이라고는 전혀 없는 사람도 있어서 우리 쪽 간부나 직원들이 그를 대응하는 데 상당한 어려움을 겪고 있었다. 때문에 그들을 설득한다는 것은 하늘의 별 따기보다 더 힘들 것이라는 생각이 지배적이었다.

그래서 나는 더더욱 이 CCO를 반드시 성공시키고 싶은 마음이 간절해졌다. 노력은 노력대로 하면서도 예기치 못한 문제나 해외에서 클레임이 발생했을 때 한순간에 죄인 취급을 받는 우리 직원들을 구하기 위해서라도 말이다. 그리고 일본 캐논에 약자가 아니라 떳떳하고 대등한 파트너가 되기 위해서라도 품질 좋은 제품을 생산해야 했다. 그런데 현재의 관리 시스템으로는 그것이 불가능했다. CCO의 구현이 더욱더 절실했다. 그래서 나는 일본 캐논을 설득하는 것을 제1의 타깃으로 정했다.

일본 캐논에서만 승인을 받는다면 회사 내부의 반대는 거의 없을 것이라는 계산이었다. 그 당시에는 일본 캐논의 각 부문에서 각종 업무로 한 달에 10여 명 가까운 직원들이 출장을 왔는데, 그들 한 사람 한 사람에게 나의 CCO 구상에 대해 설명하며 반응을 살피기 시작했다. 내 얘기를 들은 일본 직원들은 다들 신선하고 재미있다는 반응을 보였고, 실현만 된다면 아주 이상적인 물건 만들기가 가능하겠다는 사람도 있었다. 걱정과 달리 의외로 '말도 안 된다'는 반응은 거의 없었다.

걱정과 반대 속에서 CCO를 시작하다

6개월에 걸친 개별적인 설득작업 끝에 일본 캐논에서도 CCO라는 단어가 회자되기 시작했고, 그게 뭐냐고 질문해오는 직원들도 있었다. 그 후 '한국의 김 본부장이 조만간 CCO를 실현시킬 것 같은데, 그렇게만 되면 아주 멋있고 이상적인 제조환경이 만들어질 것 같다'는 분위기가 만들어졌다. 나는 이 수십 명의 출장자들을 응원군 삼아 사내에서 CCO 구체화를 위한 작업에 착수했다.

우선 공장 내의 계장급 이상 간부들을 대상으로 그동안 구상해왔던 CCO 시스템을 처음으로 공개했다. 그때까지 일부 직원들만 단편적으로 알고 있던 조각들이 CCO라는 이름으로 공개된 것이다. 직원들의 반응은 각양각색이었다. 생산관리, 자재, 검사 등을 맡았던 간접직원들은 자신들의 조직이 없어질지 모른다는 것 때문인지 회의적이고 부정적인 반응이 많았다. 그런데 일이 많아져서 싫다고 할 줄 알았던 제조직원들의 반응이 오히려 폭발적이었다. 이제 한번 제대로 일해볼 수 있겠다는 반응이었다.

당시에 제조부는 제조 1과, 2과로 나뉘어 있었는데, 그중 제조 1과에서 생산하던 기종 하나를 선택해 CCO를 구성해주고 생산관리, 자재발주, 검사업무 등의 기능을 부여했다. 그리고 실제로 어떤 문제에 부딪히고 어떻게 해결할지를 매일매일 일과 후에 리뷰해 나갔다. 그렇게 문제점을 하나하나 해결하면서 어려움도 많았지만, 세계 최초의 실험이라는 측면에서 재미도 있었다.

이런 과정에서 직원들은 설렘과 흥분을 느끼며 좋아했고, 빨리 전면시행하자는 의견들도 나오기 시작했다. 그리하여 2002년 1월을 '디데이'로 정하고 시뮬레이션을 시작했다. 그런데 본사 쪽에서 반대의견이 나오기 시작했다. 공장에서 가장 중요한 조직을 전례도 없이 함부로 없앤다는 것에 대한 반대였다. 중요한 수출 물량을 제대로 생산하지 못해 망칠 수 있다는 걱정도 컸다. 그즈음에는 나도 고민이 더 커졌던 게 사실이다.

누가 하라고 지시한 것도 아닌데 괜히 긁어 부스럼 만드는 것은 아닌지 하는 걱정도 됐고, 반대하는 이들이 걱정하는 대로 공장이 정말 엉망이 되지는 않을까 하는 두려움도 있었다. 걱정과 고민의 나날이 계속되면서도 계획은 점점 더 현실에 가까워지고 있었다. 그 와중에 CCO 조직안과 업무분장도 구체화되었고, 본사와 일본 캐논 및 협력업체에도 몇 번의 브리핑을 마치고 긍정적인 반응을 이끌어냈다.

하지만 여기저기서 물밑의 반대는 여전했고, 나도 정말 괜찮은 것인지 여전히 걱정이 컸다. 2002년 1월이 점점 다가오자 나는 더욱더 큰 불안과 걱정에 휩싸였다. 결국 수출 물량도 많고 연말연시에 여러 가지로 바쁜 일이 많으니 한 달만 연기하기로 결정했다. 그렇게 머뭇거리고 있던 차에 공장 간부들이 나를 찾아왔다. 그동안 충분히 검토도 했고 문제점도 거의 해결했는데 왜 망설이냐며, "고(Go)" 사인만 내려주면 알아서 잘할 테니 믿어달라는 얘기였다. 몇몇 임원들은 마지막까지도 극렬하게 반대했지만, "공장에서 살해보겠다는 데 쓸데없이 딴지 걸지 말라."는 당시 김대곤 사장의 한마디에 마지못해 입을 다물었다.

이쯤 되자 나도 더 이상은 미룰 명분이 없어졌다. 드디어 2002년 2월 1일 대망의 CCO가 6개 탄생했고, 6명의 기종장(셀컴퍼니장)들이 임명되었다. 처음에는 관리자들이 당황하고 걱정하기도 했다. 기존에 관리자들이 가졌던 권한 중 상당 부분이 기종장에게 이전되었기 때문이다. 관리자들은 '이제 나는 뭘 해야 되지' 싶었을 것이다. 그러나 주로 계장급이나 대리급이 기종장을 맡았고, 기존의 관리자들은 더욱 전문적이고 전략적인 영역에 집중할 수 있었다. 장기적으로 더 효율적인 조직으로 성장할 발판이 마련된 것이다.

CCO에는 자율성을 보장하는 요소만 있는 것이 아니다. 자율적 경영성과에 대한 평가보상 시스템이 함께 구축되어 있다. CCO 간 경쟁을 통해 성과를 평가하고 이에 따라 집단성과급을 지급했다. 우승팀, 준우승팀, 능률향상팀 등에는 월급의 약 5% 해당하는 성과급이 주어졌다. 따라서 올라운드 플레이어인 슈퍼 마이스터가 CCO 내에서 존경을 받을 수밖에 없었고, 대단한 권위를 갖게 되었다. 참고로 간접부문에 마이다스 제도가 있다면, 직접부문에는 '마이스터 제도'가 있다. 앞에서 설명했듯이 마이스터 제도는 생산과정에서의 멀티플레이어를 양성하기 위한 인증절차로, 조립공정의 습득 공수율과 기능, 이론 테스트 결과에 따라 2급 마이스터, 1급 마이스터, 슈퍼 마이스터 등급으로 분류했다.

'벌 받는 조직'에서 '칭찬받는 조직'으로

물론 CCO마다 담당하는 기종이 달랐기 때문에, 어떤 CCO가 주력제품을 담당하는가에 따라 평가의 공정성에 문제가 생길 수 있다. 따라서 공정한 평가기준을 마련하는 것이 이 시스템 성공의 핵심적인 관건이다. 캐논코리아는 2002년 2월 1일부터 1년 동안 평가기준 마련을 위한 통계를 축적했고, 그 1년치 자료를 바탕으로 공정한 평가기준을 마련할 수 있었다. 결국 2003년 2월부터 6가지 평가기준을 적용해 평가하고, 그에 따라 시상을 시작했다. 그 기준은 시장품질 100점, 사내품질 (직행률 등) 100점, 발주관리 100점, 작업미스 100점, 개선제안 100점, 인원절감 100점으로 총 600점 만점이다.

처음에 평가에 의한 보상을 발표했더니, 구성원 중 일부는 '돈 갖고 사람을 조롱한다'면서 비아냥거리기도 했다. 하지만 6개월 정도 평가점수를 모두 공개하고 시상했더니 분위기가 조금씩 달라지기 시작했다. 우승팀이나 준우승팀과 비교하여 1~2점 등 근소한 차이로 성과급을 받지 못한 CCO 구성원들은 "아, 정말 아쉽다! 이번 달에는 한번 잘해보자!" 하는 의욕이 퍼지기 시작했다. 구성원들 사이에 평가기준에 대한 수용성이 증대되자 제도의 효과가 본격적으로 나타난 것이다. 이로써 CCO 간에 건전한 경쟁이 벌어지면서 생산성이 향상되었고, 조직문화까지 달라졌다. 일명 '벌 받는 조직'에서 '칭찬받는 조직'으로 탈바꿈한 것이다.

셀컴퍼니 시스템의 목적은 환경변화에 빠르게 대응해 마지막까지 살아남는 조직을 만드는 것이다. 알다시피 기업을 둘러싼 시장환경은 시시각각 변화한다. 거기에 능동적으로, 스피디하게 대응하지 못하면 쥐도 새도 모르게 조직은 사라질 수밖에 없다. 셀컴퍼니 시스템을 도입해 조직혁신을 하면 다음과 같은 9가지 효과를 기대할 수 있다.

1. 생산현장의 작업자들이 간접부문의 업무까지 수행하므로 간접부문의 슬림화가 가능해진다.
2. 생산현장(직접부문)과 간접부문에서 서로 중복해서 하던 업무가 줄어들고, 놓치고 있던 업무가 발견된다. 그러한 낭비제거와 개선을 통해 전체 업무량이 줄어든다.
3. 간접부문의 애로업무 중 하나가 생산현장에서 잘못 처리한 제

반 업무다. 즉 생산실적, 전표처리 시 기입오류나 불량품 전표 처리 등의 잘못을 찾아내고 수정, 정정하는 데 많은 시간이 소요된다. 이러한 업무를 생산현장에서 작업자들이 직접 처리하면 스스로 애로사항과 문제점을 알게 되어 업무가 질적으로 향상된다.

4. 각 CCO가 자기완결형 조직이기 때문에 납기변경 등에 빠르게 대응할 수 있다.

5. 지나치게 세분화된 업무를 반복적으로 하면 큰 보람을 느끼기 어렵지만, 자기완결형으로 일하는 셀컴퍼니에서는 고객과 시장의 요구를 듣고 거기에 대응하면서 일할 수 있다. 창의성을 발휘해 문제를 해결하면서 좋은 성과를 거두었을 때, 성취감과 보람이 더욱 크다.

6. 품질이 좋아지고 단납기 대응이 가능해진다. 각자 자신이 제조하는 제품에 애착을 갖고 자부심을 느낀다.

7. 부품과 제품의 재고관리 상태가 좋아지고 결품 등에 의해 생산이 중단되는 일이 줄어든다.

8. 부서원들 간의 단합이 좋아지고 '잘해보자'는 열정이 합쳐져서, 더 활기차고 긍정적인 현장 분위기가 조성된다.

9. 업무와 인력의 낭비가 제거되어 저코스트 생산이 가능해진다.

그런데 셀컴퍼니 시스템이 성공하기 위해서는 먼저 기존의 조직을 발전적으로 해체하는 개혁을 해야 한다. 특히 기득권을 많이 가진 자재 관련 조직, 생산관리조직, 물류조직, 검사조직 등 기존 조직의 업무 중 '동네의원' 성격의 업무는 전부 셀컴퍼니로 이관해야 한다. 하지만 기존 관리자들은 컨베이어 시스템을 기준으로 교육받고 경력을 쌓아왔기 때문에 그러한 용기를 쉽게 내지 못한다. 나에게 셀컴퍼니를 도입하겠다고 도움을 요청했던 많은 기업이 이 조직개혁의 벽을 넘지 못해 아직도 성과를 내지 못하거나 아예 포기했다.

"되게 힘든데,
너무 재밌습니다!"

2019년 5월 23일, 드디어 산덴 아카기 공장에서 일본 최초의 셀컴퍼니가 시작되었다. 제품군별로 나뉜 7개의 셀컴퍼니마다 셀컴퍼니장이 임명되고 각각의 셀컴퍼니 안에는 2~3개의 셀라 인으로 구성되며 각 셀마다 셀리더와 셀원 등으로 조직되었다. 거기에 셀컴퍼니장을 지원하는 마이다스, 서포터, 리졸버가 배치되어 각각의 회사(셀컴퍼니)를 운영하도록 했다.

서포터는 일손이 모자라면 도와주는 사람을, 리졸버는 '해결사'라는 뜻에서 알 수 있듯이 부품이나 기계 등 라인에 문제가 생겼을 때 뛰어가서 해결해주는 사람을 일컫는다. 서포터는 회사의 결근율에 맞춰서 배치하는데, 통상 결근율이 7%라고 하면, 절반 정도의 인원을 서포터로 두고 상시적으로 운영한다.

일반적인 회사에서는 결근에 대한 대응인원을 따로 두지 않고 '알아서 하라'고들 한다. 그런데 결근율을 줄이기 위해서 애쓰더라도 직원마다 사생활이 있기 때문에 피치 못할 사정이 생길 수 있다. 때문에 급한 불을 꺼주는 소방관이 필요하다. 서포터는 어떤 공정에서 어떤 사람이 결원이 생길지 모르니 전 공정을 다 아는 사람 그리고 그 모든 일을 두루 잘하는 사람으로 배치한다. 그래서 이들은 어느 공정에 투입되더라도 그날 생산량이 떨어지지 않도록 평소에 훈련을 많이 해놓는다. 또 결원 문제가 없는 날에는 미뤄뒀던 여러 가지 일을 할 수 있도록 셀리더가 자유자재로 운영할 수 있는 인력이다.

리졸버는 제품에 대한 전문지식이 있는 사람들이다. 기계, 부품 등을 수리하고 라인이 서지 않고 운영할 수 있게 문제를 해결해준다. 개발에서의 문제, 협력업체의 문제 등 다른 부서의 책임에 의한 부적합한 내용도 리졸버가 해결해 라인중단을 막는다. 리졸버는 문제가 생기면 스스로 원인을 규명하고 협력업체와 여러 가지 논의도 해가면서 해결하기 때문에 업무에 관한 지식이 늘고 실력이 향상된다. 그리고 리졸버가 이런 역할을 해줌으로써 셀컴퍼니장은 자잘한 문제에 휘말리지 않고 본래 해야 하는 업무인 라인관리를 제대로 할 수 있다.

리졸버도 제품에 대한 지식이 많아야 문제를 해결할 수 있기 때문에 그 자리에는 상당한 실력을 갖춘 베테랑 사원들을 배치한다. 이렇게 품질에 대한 문제, 제조에 대한 문제, 인원에 대한 문제, 라인에 대한 문제 등을 해결할 수 있는 보좌인력이 지원되면 셀컴퍼니장은 안심하고 자기 셀을 운영할 수 있다. 이런 조직이 없다면 '나 혼자서 어떻게 다 하라는 거냐?' 하는 식이 된다.

그런데 서포터들을 적재적소에 배치하기 위해서는 과학적인 근거가 필요하다. 일을 하다 보면 빠른 사람도 있고 느린 사람도 있게 마련이다. 핵심은 밸런스를 맞추는 것이다. 밸런스가 무너지면 어떤 작업자는 힘에 부치고 어떤 작업자는 부담이 줄어든다. 이것을 방치하면 조직은 삐그덕거릴 수밖에 없다.

사실 컨베이어 생산에서는 능숙한 사람, 미숙한 사람, 보통인 사람이 섞여 있는 와중에도 공수가 2분짜리면 무조건 2분에 1대씩 물건이 나온다. 모터가 끌어주니까 2분마다 1대씩 따박따박(설령 미조립 상태더라도) 그 물건은 그 자리에 가 있다. 그런데 셀생산에서는 그게 안 된다. 그래서 셀을 운영하는 여러 가지 아이디어들이 있다. 가령 혼자서 하는 셀, U자형 셀, 스트라이크존 구조의 셀 등이 그것이다.

예를 들어 일본 캐논에서는 생산성 향상을 위해 패트롤라이트를 설치해 놓았다. 이 방식은 투입이 되면 파란불이 켜지다가 나와야 할 시간에 안 나오면 횡단보도에서처럼 불빛이 깜빡깜빡한다. 그런데도 안 나오면 빨간불이 탁 들어온다. 그런데 산덴에서도 자기들 나름대로 잘 관리해보겠다고 이 방식으로 샘플 라인을 만들어놓았다.

하지만 나는 그런 방식은 반대였다. 나는 패트롤라이트를 없애도록 지시하며 산덴 담당자에게 이렇게 말했다.

"당신이 작업자라면 마음이 어떻겠습니까? 나름대로 최선을 다해 열심히 일하는데 옆에서 계속 더 빨리 내놓으라고 재촉하는 불빛이 번쩍번쩍하면, 그런 데서 1년 365일 일할 마음이 나겠습니까. 이건 작업자들한테 엄청난 부담감만 줍니다. 다른 회사에서 한다고 해서 우리도 똑같이 따라 하면 그게 '인간존중'의 방식이 맞습니까?"

누가 빠르고 느린지 어떻게 알 수 있을까?

무엇보다 중요한 것은 그 셀에서 컨베이어 이상의 효과를 낼 수 있도록 서포트해주는 것이다. 그럴 수만 있다면 셀방식이 컨베이어보다 훨씬 높은 성과를 낼 수 있다. 그런데 서포트할 마땅한 방법이 없었다. 그동안 라인 전체의 작업시간이나 정지시간을 계측하는 사례는 있지만, 작업자 한 사람 한 사람의 시간을 측정해서 편성 효율을 높이는 방법은 없었다. 즉 셀 라인에 6~7명이 늘어서 있다고 하면, 투입해서 최종적으로 나오는 대수는 알 수 있다. 예를 들어 한 셀에서 오늘 5대가 나왔다면 어제보다 1대 더 나왔는지 덜 나왔는지 비교는 가능하다. 그런데 5대에서 6대, 7대로 가려면 어떻게 해야 할지, 더 나아가 10대로 늘리려면 어떻게 해야 하는지가 고민이다. 그럴 때는 개개인의 능력이 파악돼야 한다. 누가 빠르고 느린지를 알 수 있어야 한다.

그래서 내가 고안한 방법이 하나 있다. 무선센서로 정확히 측정하고 분석하는 방법이다. 작업할 기계를 올려놓는 개개인의 작업대차 바닥에 센서를 부착한다. 작업대차가 센서 위치에 오면 옆 사람한테 넘어갈 때까지의 체류시간이 측정된다. 이렇게 리얼타임으로 계측된 작업자별 체류시간은 모니터에 1분에 1번씩 그래프로 나타난다. 이 데이터를 기반으로 효과적으로 작업할 수 있도록 전체적인 밸런스를 잡아주는 것이다.

그동안에는 도와주고 싶어도 누가 잘 못하는지, 누가 느린지 알 수 없어서 제대로 도와줄 수가 없었다. 그런데 이제 리얼타임으로 데이터가 나오니 필요한 작업자에게 서포터가 바로 달려가 도와주면 된다. 물건 만들기는 생물과 같아서 시간이 지나면 펄떡펄떡 뛰어서 저만치 가버린다. 문제가 발생한 바로 그 순간에 원인을 알아야 조치할 수 있고, 그래야 결국 저비용으로 좋은 품질의 제품을 만들 수 있다.

문제를 리얼타임으로 알 수만 있다면 얼마든지 해결 가능하다. 컨베이어도 투입에서 산출까지는 오리무중이다. 그 안에 있는 수많은 사람 중에 누가 빠르고 누가 느린지 모르니 대응할 수가 없다. 셀은 인원이 많아 봐야 10명 이내다. 그러니 충분히 모니터링이 가능하다. 빠른 사람끼리 모아서 한 셀, 느린 사람끼리 모아서 한 셀을 구성할 수도 있다. 아니면, 빠른 사람

1명 옆에 느린 사람 2명을 배치해서 빠른 사람이 양쪽을 도와 줘가며 생산 효율을 높일 수 있는 등 다양한 편성이 가능하다.

그런데 직원들은 자신이 지금 시간측정이 되고 있는지 아닌지를 전혀 의식할 필요가 없다. 만약에 누가 가서 '너는 왜 이렇게 느리냐'고 질책하면 '내가 감시당하고 있구나. 나를 관찰하고 있었구나' 하고 불쾌하게 생각할 수 있다. 그보다는 소리 소문없이(?) 서포터가 가서 도와주거나 다음 날 그 사람의 8분짜리 업무를 7분으로 줄여주고 나머지 1분은 손 빠른 사람에게 분배해주면 된다.

'내 옆에는 항상 나를 도와주려는 사람이 있다'

그런 식으로 밸런스를 맞추고 세밀하게 일을 조정해주면 혼자서 쩔쩔매는 일이 발생하지 않는다. '나 혼자서 이걸 다 해야 한다'가 아니라 '내 옆에는 항상 누군가가 나를 도와줄 준비를 하고 있고, 나를 응원하고 있다. 여차하면 내가 손 들기 전에 먼저 와서 도와준다' 하는 심적인 안정감을 준다. 이렇게 센서를 활용해서 데이터를 도출하다 보니 생산관리를 따로 할 게 없었다.

컨베이어 생산에서 하루에 몇 대 나왔는지, 한 달에 몇 대 나왔는지, 이게 어떻게 변화됐는지 추이를 파악해나가는 게 생산관리다. 그런데 센서를 부착해 생산 추이를 리얼타임으로 파악할 수 있고, 바로바로 데이터가 집계되니 생산관리를 고민할 필요가 없어진 것이다. 이렇게 도움을 줄 수 있는 것이 멈춤생산인 셀생산 시스템의 최대 장점이다.

사실 컨베이어 생산에서 생산관리부는 공장 전체의 헤드쿼터다. 여기서 살림살이를 잘해야 이익이 날 수 있다. 라인이 하나 있을 때 그 라인에서 어떻게 일정을 잡아서 효율적으로 생산할 것인지, 인원은 몇 명이 들어가고 부품은 어떤 게 얼마큼 들어가는지 등 생산에 대한 모든 데이터가 이곳에 있다. 그런데 내가 산덴에 가서 "생산관리부는 없어도 되는 조직"이라고 하니, 고야마 생산관리부장이 기가 막히다는 표정이었다.

실제로 그는 나에게 나중에 이렇게 고백했다. "듣도 보도 못한 한국 사람이 와서는 느닷없이 제가 40여 년간 열심히 해온 생산관리가 백해무익하다면서 없애라고 하니 대놓고 말은 못 했지만 엄청 화가 났었습니다." 그런데 6개월 정도 지나고 나서 고야마 부장이 지도회 때 번쩍 손을 들더니 이렇게 말했다. "제가 이제까지 도요타에서도 배우고 외국에 가서도 배우고, 사내외에서 강의도 많이 들었습니다. 그런데 고문님 지도회를 6개월쯤 배우고 보니까 김 고문님야말로 진짜 중에 진짜네요!"

아마도 지구에서 생산관리가 필요 없다고 주장하는 사람은 내가 유일할 것이다. 왜 그럴까? 환경이 변했기 때문이다. 컨베이어는 긴 라인 하나를 가지고 수십 가지 종류의 제품을 생산해야 한다. 그러다 보니 어떻게 컨베이어를 잘 운영해서 성과를 낼 것인지 작전을 잘 짜야 한다. 그런데 생산관리에서 계획을 짠다고 짜더라도 현실과 맞지 않는다는 게 문제다. 그래도 그 일이 중요하니까 계속한다.

이것을 누가 하는가? 현장에서는 30~40년 된 노련한 직원들이 일하고 있는데, 입사 1~2년 된 친구들이 생산관리부에 배속돼서 생산계획을 짠다. 물론 10~20년 된 경력자도 있지만 그렇다고 자기가 현장에 가서 조립을 배운 것도 아니고, 종이 하나 놓고 나름대로 고민하고 또 고민하면서 작성해보지만 현실과는 안 맞는다. 그런 걸 주면 현장에서는 이렇게 소리 지른다.

"이대로는 생산 안 돼! 어느 놈이 이렇게 짰어?"

이러면서도 납기를 지켜야 하니까 또 한다. 게다가 주문이 들어오고 바로 생산계획서를 주는 것도 아니다. 영업에서 들어온 주문이 생산관리에서 현장이나 자재과에 오더가 나갈 때까지 보통 2~3주 걸린다. 계속 시뮬레이션해가면서 이렇게도 해보고 저렇게도 해보다가 시간을 다 잡아먹는 것이다.

현실과 동떨어진 생산관리는 셀컴퍼니로 이관

생산관리부는 자신들이 공장을 지휘한다는 아주 강한 프라이드를 갖고 있지만, 그 지휘가 현실과 맞지 않는다는 게 문제다. 손가락 하나 가지고 다 돼야 하는데 현실을 모르고, 업체 사정을 모르고, 기계 사정을 모른 채 앉아서 생산대수만 가지고 '이거 이때, 저거 저때' 이러니까 안 맞는 것이다. 그래도 컨베이어 생산방식에서는 생산관리가 상당히 중요한 일이었고, 그런 것이라도 안 해주면 안 되니까 의지할 수밖에 없었다.

그런데 셀생산은 종류별로 라인을 다르게 만들 수 있다. 산덴에도 일본에 납품하는 자판기와 별도로 미국, 유럽, 한국 등에 수출하는 자판기는 종류가 다양하다. 이 제품들은 나라마다 전압도 다르고 플러그도 다르다. 그걸 각 나라의 납기일에 맞춰서 어떻게 구성할까? 컨베이어에서는 이렇게 저렇게 시뮬레이션을 해가며 계획을 짜야 하지만, 셀은 셀별로 각자 다른 것을 만들면 된다. 오더만 주면 라인을 교체할 필요 없이 각각의 셀에서 만들면 된다.

라인 교체를 잘하기 위해서 생산관리를 하는 건데, 셀방식은 이미 각각 다른 제품을 언제든지 수용할 수 있는 라인이 준비된 셈이니 거기에 끼워 넣기만 하면 된다. 그러니 생산관리부는 없어도 되는 조직이다. 그런데 왜 셀로 바뀐 후에도 계속 그

불필요한 일을 하는 것일까? 그들이 그 일을 해야 하는 조직이니까 변화된 환경과 상관없이 그 일을 계속하는 것이다.

산덴은 생산관리부 대신 생산총괄부로 이름을 바꾸었다. 생산관리는 셀컴퍼니에 일임하고, 생산총괄부는 공장 전체를 놓고 '인원 컨트롤'을 해준다. 일이 들쭉날쭉하다 보면 오늘은 10명이 하던 일이 내일은 8명이면 충분해진다. 그러면 남은 2명을 어떡할까? 그냥 갖고 있으면 2명분이 손해니 그때 생산총괄부에다 인원을 넘기면 된다. 그러면서 싸게 만드는 것이다.

한쪽은 바쁜데 한쪽은 놀고 있으면 안 된다. 그리고 여유 인원 2명을 보내야 할 때는 챔피언을 골라서 내보내야 한다. 그래야 그들은 다른 팀에 가서 이 일도 하고 저 일도 할 수 있다. 만약 제일 못하는 사람이나 신입사원을 보내면 아무런 도움이 안 된다. 앞에서도 설명했지만, 그렇게 하려면 누가 챔피언인지를 알고 있어야 한다. 즉 그 사람의 능력평가가 이미 끝나 있어야 한다는 뜻이다. 그러기 위해서는 생산본부장 직속 생산총괄부가 책임을 지고 잉여인원을 받을 때는 챔피언으로 받으려고 노력해야 한다.

산덴 아카기 공장의 구성원들은 나를 보면 씩 웃으면서 "되게 힘들어졌습니다. 그런데 너무 재미있습니다." 한다. 셀컴퍼니 도입 이후 많은 구성원이 원가나 품질에 대한 고민을 하게 되었고, 일하는 방법에 대해서도 좋은 쪽으로 발전했다. 셀컴퍼니 시스템이 제대로 정착해 산덴 생산현장의 중요한 축이 된 후로 생겨난 변화다.

현장에도 돈과 명예와
권력이 필요하다

18

셀컴퍼니 시스템이 성공적으로 운영되기 위해서는 그 토대가
매우 중요하다. 즉 직원은 고객이기 때문에 존중해야 하고, 또
물이기 때문에 어떤 모양의 그릇에 담기느냐에 따라 생각이나
행동이 변한다. 당연히 그에 따라 미래의 결과도 달라진다. 그
러므로 직원, 곧 사람을 존중하는 마음으로 그들이 '핑계 대지
않고' 일할 수 있는 환경을 만들어주는 것이 우선이다. 진정한
생산성 향상은 여기서부터 시작된다. 그 핵심이 되는 3가지를
다시 한번 정리해보자.

1. 직원은 고객이다

혁신의 출발점은 직원을 '고객'으로 생각하는 것부터다. 왜
고객일까? '나'에게 이(利)를 주는 사람이기 때문이다. 직원들
이 열심히 일해주기 때문에 사장도 월급을 받을 수 있다. 사장
이 월급을 주는 게 아니다. 월급이 나오는 원천은 직원이다. 때
문에 직원들이 재미있게 열심히 일해주면 회사는 흑자가 나는

것이고, 그렇지 않으면 적자가 날 수밖에 없다. 흔히들 "직원은 가족"이라고 말한다. 그러나 나는 생각이 다르다. 사실 가족이라고 생각하니까 야단치고 욕하고 갑질도 한다. '넌 내 아들뻘이니까 그렇게 할 수 있다'고 생각하고 '이놈 저놈' 하며 막말을 일삼는다.

그런데 고객한테는 그럴 수 없다. 더군다나 내 월급을 주는 '고객님'을 관리하거나 통제하거나 감시한다는 것은 상상도 할 수 없는 일이다. 사람에 대한 생각이 완전히 바뀌어야 한다. 그래야 셀생산이나 셀컴퍼니처럼 자기 스스로 결정하고 움직이는 자기완결형 조직을 운영할 수 있고, 직원들도 성취감과 보람을 느끼며 재미있게 일할 수 있다.

진정한 생산성은 업무 시작 1시간 전에 판가름난다

나는 캐논코리아 제조부장 시절부터 이런 마음으로 현장직원들을 대했다. 아니, 컨베이어에 매달려 고생하는 직원들을 조금이나마 위로하기 위해 내가 할 수 있는 것은 그것밖에 없었다. 고객인 직원들이 편히 쉬고 일할 수 있도록 휴게공간을 리모델링하고, 작업공간을 개선하는 데 정성을 들였다. 통근버스를 타면서, 작업복을 갈아입으면서, 드라이버를 들면서 오늘 하루도 상쾌하고 즐겁게 일하고 싶은 마음이 생겨야 그날의 생산성도 향상된다. 당연한 일이다. 냉난방도 세대로 안 되는 냄새 나는 고물 통근버스에 몸을 싣고 출근한다면, 큰맘 먹고 산 롱코트를 억지로 구겨서 넣어야 겨우 들어가는 냉골 탈의실에서 작업복을 갈아입어야 한다면, 휴지도 없는 냄새 나는 화장실에서 볼일을 봐야 한다면, 손목이 시큰거릴 정도로 무거운 드라이버를 들어올려야 작업을 시작할 수 있다면, 그런 환경에서 즐겁게 일하고 싶은 마음이 들까?

진정한 생산성은 업무 시작 1시간 전에 결정된다. 즉, 이른 새벽 찌뿌둥한 몸으로 일하려고 나오는 직원들은 제일 먼저 통근버스 기사를 만난다. 이때 기사님이 아주 밝은 얼굴로 친절히 맞아주어야 한다. 통근버스 실내는 계절에 맞게 쾌적한 온도로 컨트롤되어야 함은 물론이다. 나는 이를 위해서 통근버스 업체와 계약할 때 차령 5년 이하의 버스만을 고집했다.

그리고 회사에 도착하면 직원들은 곧바로 탈의실로 향한다. 나는 직원들이 옷을 갈아입을 때 '이런 회사를 계속 다녀야 하나', '그만두고 싶다', '오기 싫은 데를 또 왔네' 하는 처량한 생각이 들지 않길 바랐다. 그래서 (앞에서도 잠깐 소개했지만) 탈의실 개선공사를 지시했다. 골프장 탈의실 정도로 쾌적하게 만들어달라고 했다. 직원들은 너무 좋아했고 점심시간이면 탈의실에서 쉬거나 낮잠을 자기도 했다. 하루 종일 서서 일하기 때문에 이렇게 아무 눈치도 안 보고 다리를 쭉 뻗고 쉴 수 있는 공간이 꼭 필요하다.

옷을 갈아입은 후 직원들은 화장실에 가거나 맛있는 커피 한 잔을 뽑기 위해 자동판매기로 간다. 이때 화장실은 깨끗해야 하고, 자동판매기는 가능한 맛있는 커피가 나오도록 항상 관리가 잘 되어 있어야 한다. 만약 이때 커피가 안 나오면 직원들은 화가 나고, 어떤 직원은 자판기를 발로 차기도 한다. 이런 불쾌한 경험들은 사소해 보여도 그날 하루의 생산성을 망가트리는 중요한 요인이 된다. 당연히 주위의 동료들에게도 안 좋은 영향을 미친다.

이러한 일련의 모닝 루틴이 업무 시작 1시간 전에 일어나는 일들이다. 이런 부분을 세세하게 잘 관리해놓아야 직원들이 상쾌하게 작업을 시작할 수 있다. 흔히들 사장들은 직원들이 월급으로 만족하는 줄 안다. 하지만 월급만(!)으로 만족하는 직원은 거의 없다. 이런 환경들이 잘 맞아떨어져야 직원들이 비록 월급이 적더라도 혹은 일이 다소 힘들더라도 '오늘도 한번 분발해보자' 하는 생각을 한다. 그런데 이런 것을 현장의 관리자들이 모르고, 일이 시작되면 그때부터 소리만 빽빽 지른다. 그래야 직원들이 일을 잘하는 줄 안다.

화장실부터 변화를 체감해야 성공이다

한번은 내가 작업환경 개선에 비용을 들이자 관리자들 사이에서 불만이 쏟아졌다. 생산을 맡았으면 생산설비에 투자해야지 쓸데없는 데 돈을 쓴다는 것이다. 그러면서 이런 말을 하는게 아닌가?

"화장실이 너무 좋으면 직원들이 화장실에서 안 나옵니다."

2000년대 초반 웬만한 호텔에도 없던 비데를 공장 화장실에 설치한 것을 두고 나온 말이다. 나는 정말 기가 막혔다. 당시 관리자들의 발상이라는 것이 화장실이 더러워야 볼일만 보고 빨리 나온다는 것이었다. 세계 어느 나라에서도 그런 일이 있어서는 안 되겠지만, 한국이나 일본 같은 곳에서 어떻게 그런 생각을 한단 말인가?

산덴이 나의 지도를 받으면서 첫 번째로 시도한 것 역시 화장실 개선이다. 그게 가장 기본이다. 앞서 말한 커피머신 크리스타 생산공간을 2층에서 1층으로 옮기면서 가장 먼저 한 일도 작업환경 개선이었다. 드라이버를 가벼운 것으로 교체하고(앞서 이야기한 M나사로의 변경), 에어컨을 설치하고, 조명을 환하게 바꾸었다. 쾌적한 환경에서 직원들한테 맞는 도구로, 일하기 쉽게, 완전히 새롭게 시작한 것이다.

'혁신'은 직원들이 체감해야 성공이다. '직원의 아픈 부분, 힘들어하는 부분까지 회사가 세심하게 챙겨주는구나' 하는 체감 말이다. 그러면 직원들은 '혁신이라는 게 회사의 이익을 위해 직원을 쥐어짜는 것인 줄만 알았는데, 일하기 좋게 환경도 바뀌고 나에게도 득이 되는구나'라고 느낀다.

누구나 회사에서 하루에 한 번 이상 화장실에 간다. 거기서부터 변화를 느껴야 한다. '혁신을 한다더니 뭔가 조금씩 바뀌고 좋아지고 있구나', '오늘은 이게 바뀌었네', '내일은 또 뭐가 바뀔까?' 하고 설레야 한다. 산덴의 구성원들은 지금 혁신의 길에 기꺼이 동참하고 있다. 그것이 정확히 무엇인지 모르더라도 긍정적인 변화가 직접 와 닿고, 회사에서 이익이 났다고 특별 보너스도 주니, 기꺼운 마음으로 동참하는 것이다. 결국은 직원들이 즐거워야 혁신도 성공할 수 있다.

2. 스스로 움직일 수 있어야 한다

대개 현장의 직원들은 스스로 할 수 있는 일도 기다린다. 왜? 권한이 없기 때문이다. 일하는 데 당장 필요한 물건이 어디에 있는지 알지만 갖다줄 때까지 기다리는 게 현장 사람들이다. 하지 말라고 했으니 안 한다. 그래서 공장이 재미없는 것이다. 자기결정권이 없으니 주어진 일만 1년 365일 똑같이 반복한다.

스스로 머리 쓸 일도, 발전할 일도 없이 로봇처럼 몸만 움직이라고 하니 무슨 재미가 있겠는가? 때문에 각자가 자기결정권을 가진 조직을 만드는 것이 우선이다.

예를 들어, 작업대 위 형광등이 나가면 공무과에 전화를 걸기 전에 스스로 형광등을 교체해야 한다. 스스로 해봤는데도 고쳐지지 않을 때 그때 전문가를 부르는 개념으로 현장이 바뀌어야 한다. 이를 위해서는 제조에도 권한이 필요하다. 자기가 결정할 수 있어야 스스로 움직이고 머리를 쓰고 발전할 수 있으며, 이것이 조직 전체의 발전으로 이어진다.

그렇다면 어떤 권한을 줄 것인가? 모든 권한을 다 주라는 것이 아니다. 그렇게 할 수도 없다. 병원의 역할에 빗대어 설명해보자. 조직마다 종합병원의 업무(상위업무)와 동네의원의 업무(하위업무)가 있다. 종합병원이나 중급병원 업무 가운데 동네의원에 이양이 가능한 것을 선별하여 이양하면 된다. 처음에는 제조도 받을 준비가 안 되어 있고, 주더라도 한꺼번에 다 할 수는 없다. 점차 늘려나가면 된다.

고장 난 형광등을 누가 교체하는 게 효율적일까?

동네의원의 업무를 위임한 후에도 종합병원의 업무, 즉 고유의 핵심업무가 남으니 각 조직이 부서지는 것은 아니다. 종합

18. 현장에도 돈과 명예와 권력이 필요하다

병원은 부가가치가 낮은 잡무에서 벗어나 좀 더 전문적이면서도 부가가치 높은 업무를 수행할 수 있게 된다.

앞서 말한 형광등 가는 일은 공무과의 일이다. 그런데 제조 직원이라고 형광등을 못 갈 리 없다. 이런 업무들을 주라는 것이다. 공무과에서 가지고 있는 형광등 재고를 각 부문에 나눠 주면 된다. 형광등을 교체할 수 있는 능력이 없는 게 아니라 형광등 재고가 없으니 못 하고 기다리는 것뿐이다. 형광등 재고를 나눠주면 공장 전체의 형광등을 갈기 위해 입사한 직원은 '형광등 교체'라는 부가가치 낮은 단순 업무에서 벗어나 좀 더 회사에 기여하는 새로운 업무에 도전할 수 있다.

이렇게 업무분장이 잘못되어 있는 것들이 의외로 많다. 제조에서는 당장 불편해서 해결해야 하는데 그동안 권한이 없어서 할 수 없었던 업무, 하지만 다른 부서에서는 부가가치도 낮고 자잘하게 일거리만 많은 업무를 이양한다. 제조는 제조대로 자기들에게 권한이 생기니까 망가지면 다른 것으로 교체하고 바로바로 조이면 된다. 다들 드라이버를 가지고 있는데 굳이 공무과를 부를 필요가 없다.

생산기술, 생산관리, 자재, 검사, 물류과 등 모든 부서가 이런 동네의원에 해당하는 업무를 갖고 있다. 예를 들면 생산기술과는 생산라인에서 사용하는 각종 치공구와 측정기들의 관리업무를 담당하고 있다. 현장에서 이러한 장비들을 쓰다 보면 왕

왕 고장이 날 때가 있는데 장시간 사용으로 인하여 속선이 끊어지는 경우가 대부분이다. 이렇게 고장이 발생할 경우에는 바로 생산기술과에 연락하도록 되어 있다.

이때 장비 사용자가 스페어 속선을 예비로 갖고 있다가 먼저 교체해보고 안 고쳐질 경우 생산기술과에 연락하도록 하는 개념이다. 만약 속선 교환만으로 고쳐진다면 라인은 중단 없이 생산을 계속할 수 있다. 이때 속선을 교환하는 행위는 생산기술과 업무로 보면 대수롭지 않은 업무이고 동네의원 업무에 해당한다. 그러나 이 대수롭지 않은 업무도 생산기술과 직원들이 더 바쁜 다른 일 때문에 늦게 출동하면 라인이 장시간 중단된다. 이 업무를 제조현장에 주더라도 제조는 큰 부담이 없고, 라인중단도 막을 수 있으니 일석이조다. 오히려 라인중단을 막을 수 있다는 측면에서 제조에서도 크게 환영했다.

단, 이러한 것은 멈춤생산인 셀에서는 가능하지만 흐름생산인 컨베이어에서는 불가능한 일이다. 생산라인에 언제 어떤 기종을 몇 대나 흐르게 할지를 결정하는 생산관리 업무도 컨베이어라인 하나에 여러 기종을 흘리기 위해서는 생산관리의 지시가 필요했다. 하지만 기종마다 셀라인을 갖고 있는 셀생산방식에서는 주문이 오면 해당 라인에서 바로 생산하면 되니까 생산관리부서의 지시를 기다릴 필요가 없다.

18. 현장에도 돈과 명예와 권력이 필요하다

또 자재과에서는 발주업무를 하는데 이것도 현장에서 하면 좀 더 확실하게 매일매일 생산의 결과들이 반영되어 결품이나 부품재고 관리에 엄청나게 효과적이다. 보통은 1년에 1~2번 정도 전체 재고를 확인하는 재고조사를 하는데, 그날그날 현장의 생산결과, 발생한 불량품 등 여러 가지 변수들이 자재발주 때마다 제대로 반영되지 않기 때문에 장부재고와 실물재고 사이에 차이가 난다. 아무리 열심히 관리를 해도 이런 일이 의외로 많이 일어난다.

'검사의 낭비' 없애는 법

또 개선해야 할 것이 바로 검사업무다. 검사업무는 크게 2가지로 나뉜다. 입고된 부품의 수량을 확인하는 검수업무와 불량 유무를 확인하는 품질검사 업무다. 수량만 확인하는 검수업무는 셀컴퍼니에서 발주하게 되면 그 부품을 사용하는 셀에서 직접 처리하는 것이 빠르고 확실하다. 그리고 품질검사 업무의 내용을 들여다보면 부품에 따라 무검사, 관리검사, 전수검사 등을 수행한다. 전수검사가 가장 안전하고 확실한데, 시시각각 쏟아져 들어오는 모든 부품을 전수검사 하려면 부품마다 1명씩 검사원을 두어야 한다. 혹여 검사 인원이 수백 명 있더라도 제대로 하지 못하는 경우도 많다. 게다가 그 인건비는 어떻게 감당할 것인가?

그래서 대부분의 회사는 무검사나 관리검사를 한다. 라인에서 조립하다가 불량이 나면 그때그때 대응하는 방식이다. 무검사나 관리검사는 부품업체를 신뢰할 수 있어야 가능하다. 하지만 잘못된 부품을 미처 거르지 못하고 라인에 투입하는 경우, 그래서 불량 부품이 조립된 제품이 시장에 출하되는 경우에는 대형 클레임이나 리콜 사태를 초래할 수도 있다. 그래서 나는 검사과의 업무 중에서 전수검사 이외의 일체의 업무를 셀컴퍼니에 이관시키고 조립 작업자가 부품 하나하나의 품질에 신경 쓰면서 조립하도록 했다.

이제까지의 검사 시스템에서 작업자는 어떤 부품이 무검사 부품이고, 어떤 부품이 관리검사 부품인지 모르기 때문에 검사를 거친 것은 합격한 양품으로 인식한다. 그래서 아무런 의심 없이 작업한다. 설령 부품의 문제로 작업이 잘못되더라도 작업자에게는 책임이 없다. 검사과가 독박을 써주기 때문이다. 하지만 작업자 자신이 부품의 품질에 신경 쓰면서 작업하면 결국은 작업자가 가진 오감五感에 의해 전수검사를 하며 조립하는 효과가 난다. 그 후 검사를 안 하는데도 품질이 월등히 좋아지는 것을 경험했다.

이것 역시 멈춤생산인 셀생산이기에 가능한 일이다. 제조직원들도 처음에는 어색해하고 부담스러워한다. 하지만 며칠 이

내에 익숙해지고 TV에 나오는 '달인'들이 되어간다. 이 경우 무검사, 관리검사 등이 동네의원의 업무가 된다. 내 경험에 의하면, 각 부서의 업무 중 과반 이상이 동네의원 업무였다. 이 업무들만 덜어내도 각 부서는 좀 더 부가가치 높은 종합병원, 중급병원의 역할을 할 수 있다.

셀 스스로 발주부터 출하까지

결국 제조의 셀방식에 생산관리, 자재, 검사, 물류가 가지고 있던 동네의원 업무들이 뭉쳐져서 발주부터 출하까지 가능한 셀컴퍼니가 된다. 이제 생산관리과가 아닌 셀컴퍼니에서 생산계획을 짜고, 거기에 맞춰서 자재를 발주하고, 자재나 부품이 들어오면 검사하고, 만들어서 출하하는 것까지 자체적으로 할 수 있다. 그렇다고 자재구매과의 핵심 업무인 발주단가의 결정 및 관리나 업체 선정, 지도 업무 등 본질의 업무가 사라지는 것은 아니다.

검사 중에서도 3차원 측정기나 계측기로 해야 하는 검사나 전수검사 업무 등 전문적인 업무는 그대로 있다. 다만 제조가 해도 문제없고, 제조에서 충분히 할 수 있는 것들을 이양하면 업무가 빨라지면서도 회사의 근간을 흩트리지 않을 수 있다. 이것이 셀컴퍼니의 기본 개념이다.

자기결정권이 주어졌으니 제조는 이제 스스로 생각하면서 움직일 수 있다. 그동안 제조는 마냥 대기상태였다. 자재과에서 발주한 게 올 때까지 기다리고, 물건이 들어와서 공장 안에 있는데도 아직 검사가 안 되었다고 해서 또 기다린다. 그리고 생산관리가 계획을 짜줄 때까지 기다리고, 물류에서 피킹해줄 때까지 계속 기다릴 수밖에 없었다.

그런데 셀컴퍼니에서는 주문받은 오더 중에서 긴급도와 우선순위를 스스로 생각해서 '오늘은 ○○을 만들어야겠다', '내일은 ○○을 만들어야겠다', '그러면 미리 ○○을 준비해야겠다' 같은 의사결정이 가능하다. 자기 회사를 운영하는 것이니 지혜롭게, 자율적으로 일할 수 있다. 그러면서 구성원들이 일을 대하는 태도가 달라지고 의욕이 샘솟는다.

예전에는 생산관리과가 계산하느라고 시간을 허비하다가 생산지시가 내려오게 되면 그때부터 급하게 생산을 시작한다. 그러니 납기일은 당연히 촉박해진다. 발주한다고 자재과가 시간 쓰고, 생산계획 짠다고 생산관리과가 시간을 다 잡아먹으니, 그다음에 일을 이어받는 제조에게 주어진 시간은 너무 짧다. 허겁지겁 만들 수밖에 없다. 하지만 셀컴퍼니는 발주부터 출하까지 모든 권한을 갖고 그 시간을 오롯이 제조에 쓸 수 있다. 요구하는 품질 수준에 맞게 꼼꼼히 잘 만들 수 있는 것이다.

물론 주어진 권한만큼 책임도 막중하다. 제품을 만들고 나서 벌어지는 모든 문제, 즉 발주, 입고, 검사, 생산, 출하, 재고관리, 품질관리 등 모든 것이 셀컴퍼니의 책임이다. 하지만 권한을 가지고 있으니 각자가 어떻게 하느냐에 따라 재미있기도 하고 재미없기도 하다. 핑계 댈 일이 없다. 예전에는 "왜 안 했어?" 물으면 "내 일 아닌데요." 했다. 하지만 이제 모든 것이 "내 일"이다. 형광등 가는 것도 내 일이고, 라인이 멈추는 것도 내 일이며, 코스트 관리도 내 일이다. 핑계 댈 곳이 없다.

이제는 싸고 좋은 것을 빨리 만들어서 이익을 내고 우승상금을 타는 게 목표다. 앞에서도 소개했지만, 산덴은 매월 셀컴퍼니 순위를 발표하여 경쟁의식을 고취하고 동기부여를 하고 있다. 셀원들과 같이 "으쌰으쌰!" 하면서 서로 격려하고 즐겁게 일하는 분위기가 만들어졌다.

셀컴퍼니 시스템 도입 후 요즘 산덴에서는 70여 년 동안 한 번도 보지 못한 풍경이 벌어지고 있다. 셀컴퍼니장이 직접 일거리를 확보하러 다니는 것이다. 그동안에는 옆 라인에 생산량이 많든 적든 자기들과는 상관이 없었다. 그런데 셀컴퍼니가 되고 나니 비수기가 돼서 물량이 줄 것 같으면 공장장한테 영업(?)을 하러 간다. "저 일 우리 셀에 주시면 싸고 좋게 만들어 드릴게요." 한다. 셀리더로서는 주문물량이 없어지면 자기네 팀워크가 깨지고, 셀원들이 뿔뿔이 흩어져야 하니까 너무너무 안타깝다. 그러니 이제까지 거들떠보지 않던 것도 "우리 주세요, 우리가 해줄게요." 한다. 이것이 셀컴퍼니의 힘이다.

3. 현장에도 돈과 명예와 권력이 필요하다

산덴의 셀컴퍼니장은 우리로 치면 대리급인 계장들이다. 왜 계장일까? 과장도 있고 부장도 있는데, 왜 계장을 셀컴퍼니 사장으로 앉혔을까? 대개 계장들은 바로 위의 과장 역할도 좀 알고, 신입직원의 역할도 좀 아는 위치다. 그런데 막상 뭔가 잘못되어 야단을 맞을 때는 과장이 가서 맞고, 실제 업무는 자기보다 후배들인 직원들이 한다. 제일 애매모호한 위치다.

그래서 계장들은 다 알면서도 모른 척하고 능수능란하게, 그냥저냥 직장생활을 만끽하는 경우가 많다. 심지어 간부가 되기 싫어하는 계장들이 있을 정도다. 과장 이상부터는 잔업수당이 없는데 계장까지는 받을 수 있고, 자기는 사장이나 임원이 되려는 목표가 없으니 '워라밸'을 즐기겠다는 것이다. 회사의 '꽃'이 과장이라면, 계장은 회사의 '줄기'다.

사람도 허리가 튼튼해야 건강하듯이, 줄기가 제 역할을 안하면 꽃도 제대로 필 수 없다. 그래서 이 계장들을 잘 활용하는 것이 중요하다. 애매한 위치에서 어영부영 일하던 사람들이 제대로 일할 수 있도록, 그것도 과장이나 부장보다 훨씬 더 열심히 할 수 있도록 환경을 만들어주어야 한다. 즉 돈과 명예와 권력을 줄 수 있다면 성과는 자연히 나올 수밖에 없다. 월급 적은 사람들이 임원처럼 더 열심히 해주니 당연한 일이다.

문제는 어떤 판을 깔아야 그들이 재밌게 일할 수 있느냐다. 그래서 나는 어떻게 하면 이들에게도 돈과 명예와 권력을 줄 수 있을까를 생각했다. 현장의 직원들은 대개 20년, 30년 일해봐야 계장이다. 그런데 자기보다 훨씬 어린 간접사원들은 대학 나왔다고 3~4년 있다가 바로 계장 달고, 조금 지나면 과장도 된다. 이게 현장에서 잔뼈가 굵은 그들의 콤플렉스이고 애로사항이다. 이것을 해결해주면 어떨까?

이제 이 계장들은 셀컴퍼니 사장이다. 과장 부럽지 않다. 그들보다 훨씬 더 많은 권한을 갖고, 조직에서 잘하면 칭찬도 받고 인센티브도 받는다. 일할 맛이 나지 않겠는가? 사실 그동안에는 그럴 기회가 없었을 뿐이다. 어차피 해야 하는 일이었는데 안 시키니까 안 했다. 셀컴퍼니는 자기결정권을 가질 수 있고, 회사는 "당신만 믿어. 당신이 좀 잘해줘." 하고 신뢰와 지원을 보낸다.

일이 더 많아졌는데도 즐거워하는 이유

물론 다들 정말 잘할 수 있을지 불안해하고 걱정도 한다. 하지만 그 일을 잘해서 인정도 받고, 승진도 하고, 월급도 올라가면 신이 나서 하게 된다. 돈과 명예와 권력을 준다는 게 바로 그것이다. 그동안 어영부영하던 계장들을 아주 반짝반짝하게 만드는 것, 그것이 셀컴퍼니다.

예를 들어 현재 산덴에서 커피머신 크리스타 생산을 담당하고 있는 이시야마 셀컴퍼니장은 어떻게 사람이 저렇게까지 달라질 수 있는지 다들 의아해할 정도로 활기차졌다. 1992년 4월 입사하여 조립 오퍼레이터로 18년, 조장으로 5년, 계장으로 5년 일하는 동안 그는 그저 수동적으로 일하며 부가가치가 전혀 없는 회사생활을 했다고 말한다.

"예전에는 타성에 젖어서 회사에 다녔고, 매일 우울한 기분으로 출퇴근했죠. 그런데 이제는 개선하고 싶은 마음이 많아지고 목표를 정해서 행동하게 되었습니다. 경험하지 않은 것에 대해서는 굉장히 두려워하고 어려워도 했는데, 이제는 처음 해보는 일도 일단 도전해보자 하는 긍정적인 마음과 자신감을 갖게 되었습니다. 셀컴퍼니장이 되고 나서는 집에 돌아가서도 일에 대한 생각을 합니다. 고민이라기보다는 어떻게 하면 더 재미있게 개선할까, 어떻게 하면 아이디어를 낼 수 있을까, 이런 생각을 하는 시간이 늘었습니다. 셀컴퍼니는 하나의 팀이고 웃는 얼굴로 일을 하는 활기찬 집단이라고 생각합니다. 직원들의 휴게공간이 넓어지고, M나사로 바뀌면서 손목 부상에 대한 위험부담이 줄어든 것도 작업자들을 더 많이 웃게 만들었습니다. 하나하나 개선해나가는 것에 즐거움을 깨닫고 있어요. 싸고 좋은 제품을 빨리 만들어 매출확대에 공헌하고, 우리 공장의 '인간존중' 문화를 지속적으로 발전시키는 것이 제 일이라고 생각합니다."

또 다른 셀컴퍼니장들은 이런 소감을 이야기해주었다.

"책임감이 무거워졌고 항상 코스트를 생각하게 되었습니다.", "재발방지에 구성원들의 관심도가 높아졌습니다.", "손품, 손실금액 관리를 체계적으로 하게 되면서 건수가 대폭 감소했습니다.", "돌발적인 생산변동이나 부품결품 등에 대해 생산일정을 변경하는 등 독자적인 컨트롤이 가능해졌습니다.", "멤버들과 협력하고 협동하며 일하니 더욱 활기찬 분위기가 되었습니다.", "작업공간을 줄였을 때는 불만도 많았지만 셀컴퍼니가 되면서 더 효율적으로, 낭비를 줄이며 더 콤팩트하게 제품을 만들고자 하는 의식이 강해졌습니다.", "수비해야 할 범위와 각자의 책임범위가 상당히 넓어져 셀리더으로서 해야 할 일이 무척 많아졌습니다. 심지어 결품에 의한 라인정지마저도 이제는 제 책임입니다. 하지만 일이 더 많아졌는데도 더 즐겁고 보람 있습니다."

예전부터 직원들이 한 직급 위의 업무, 즉 계장은 과장업무, 과장은 부장업무, 부장은 임원업무를 수행하게 되면 그 회사는 발전할 수밖에 없다고 했다. 그런데 셀컴퍼니는 규모는 작더라도 계장급 직원들이 경영을 맡아서 한다.

처음에는 계장들이 전면에 나서면서 '간부들은 뭐하지? 간부들이 아예 필요 없어지는 것 아니야?' 같은 수군거림과 걱정도 있었다. 하지만 현재는 간부들의 역할이 대폭 바뀌고 새롭게 배치되고 있다. 예를 들면 제조과장의 경우 각 셀컴퍼니장들을 컨트롤하되, 셀컴퍼니가 이상 없이 운용될 수 있도록 제반 환경을 마련해주는 역할로 바뀌었다. 즉 셀컴퍼니장들이 대외 환경에 휘둘리지 않고 싸고 좋은 물건을 만드는 데 전념할 수 있도록 타 부서장들과 긴밀히 협조하면서 환경을 조성하는 책임을 갖는다. 또한 부장과 임원들은 6개월 후, 1년 후에 닥쳐올 문제들을 해결할 방법과 대책을 수립하는 등 전체적인 업무들이 한 단계씩 상향 조정되었다.

현재 아카기 공장은 셀컴퍼니 시스템이 정착되어 코로나19 위기도 잘 넘기고 있다. 모리 사장은 심스활동과 셀컴퍼니 없이 코로나 위기를 맞았다면 회사 자체가 위기에 빠졌을 것이라며 향후에도 더 즐겁게 더 열심히 해줄 것을 당부했다.

깃털처럼 가볍고 심플한 공장은 가능하다

이렇듯 아카기 공장이 전체적으로 밝아지고 직원들이 더 활기차게, 더 역동적으로 움직이고 있어 산덴의 개혁은 앞으로 더욱 빠르게 진행될 것이라 기대한다. 아울러 이제 천천히 움직이고 있는 셀컴퍼니가 탄력을 받게 되면 산덴은 조만간 일본 자판기 업계 1위에 등극할 것이다.

사실 셀컴퍼니 시스템을 처음 도입한 캐논코리아도, 그 이후의 한국 롯데에서도, 셀컴퍼니는 완성되지 못하고 50% 정도의 수준에서 그쳤다. 아직 산덴도 50%밖에 안 됐지만 구성원들의 개혁의지가 높고, 모리 사장이 절대적 가치를 두고 노력하고 있으니 세계 최초의 완성형 셀컴퍼니가 될 것이다. 그리고 혁신의 선봉에 있는 셀컴퍼니장들에게서 그 가능성을 발견할 수 있다.

셀컴퍼니장들은 일을 바라보는 시야가 넓어졌고, 인력, 제품, 자원에 관한 개념도 많이 달라졌다고 말했다. 생산계획을 스스로 수립하다 보니 재고에 대해서도 새로운 것을 많이 배운다고 말한다. 셀컴퍼니는 독립된 작은 회사처럼 고객과 회사, 그리고 팀워크를 위한 방침을 스스로 정하고 팀원들과 함께 경영한다. 게다가 매달 지도회 때마다 나와 경영진, 그리고 배석한 간부들 앞에서 그 실적을 발표한다. 각 셀컴퍼니장이 발표하는 항목은 생산성 목표 대 실적, 셀컴퍼니 품질 및 시장품질 보고, 재고관리 현황 보고, 심스 참가 및 제안실적 보고 등이다.

이제 산덴은 아주 작은 공장으로의 이전을 준비하고 있다. 컨베이어를 없애고 설비도 아주 작아지고, 공간 활용에 자신감이 생기면서 거대한 규모의 공장이 필요 없어진 것이다. 사실 부동산으로 돈 벌 생각이 아니라면, 큰 공장은 낭비일 뿐이다. 새롭게 지어질 공장은 내가 공장을 만드는 목표이자 비전인 진짜 '깃털처럼 가볍고 심플한 공장', 셀컴퍼니가 실현되는 이상적인 공장이 될 것이다

셀컴퍼니로의 혁신,
현장의 구성원들은 어떻게 느낄까?

산덴은 해마다 연말이면 지도회를 포함한 여러 혁신활동에 대한 앙케트를 시행한다. 이를 통해 전 직원의 의견을 수렴하고 방향성을 수정하면서 활동을 전개해나가고 있다. 앙케트는 모두 10가지 항목으로 다음과 같다.

1. 지도회가 도움이 되고 있는가?
2. 현장의 낭비제거
3. 검사업무의 낭비제거
4. 심스활동
5. 간접부문의 개혁공헌상
6. 제품기술과의 활동
7. 자판기 라인의 셀생산
8. 셀컴퍼니에 대하여
9. 개혁의 달성도
10. 향후 회사 전망

2020년 말 실시했던 앙케트 결과를 보면 전체 인원의 94%가 응답하였고, 응답자의 과반수 이상이 지도회가 도움이 되고 있다고 답했다. 특히 간접인원의 80% 이상이 '지도회가 도움이 된다'고 답했다.

두 번째, 어떤 낭비를 가장 많이 제거했는가를 물었을 때, 보행 낭비, 운반 낭비, 동작 낭비, 스페이스 낭비, 재고 낭비, 기다림의 낭비, 불량 낭비 순이었다. 응답자들이 느끼는 공장의 낭비에 대해서는 80%의 응답자가 '아직도 많이 남아 있다'고 느끼고 있었고, 90%가 '앞으로도 계속 제거활동을 해야 한다'고 했다.

세 번째, 검사의 낭비제거에 대해서는 71%의 응답자가 '도움이 된다'고 했고, 낭비제거로 인한 품질 영향에 대해서는 52%가 '영향이 없다', 21%가 '오히려 품질이 좋아졌다'고 했고, 27%의 인원은 '악화되었다'고 답했다. 검사의 낭비제거는 77%가 '계속해야 한다'고 응답했고, 특히 간접부문과 QA에서는 90%의 인원이 '계속해야 한다'고 답했다.

네 번째, 심스활동에 참가인원은 회를 거듭할수록 계속 늘어나고 있으며, 76%의 인원이 '공장의 개혁에 큰 도움이 되고 자신의 업무에도 도움이 된다'고 했다. 또한 74%가 '심스활동이 계속되기를 희망한다'고 했다. 다섯 번째, 간접부문의 심스에 해당하는 개혁공헌상에 대해서는 '좋은 효과가 있다'고 응답한 인원이 77%였고, 82%가 '계속해야 한다'고 답했다. 특히 간접 부문 인원의 90%를 넘는 인원이 계속되기를 희망했다.

여섯 번째, 제품기술과가 생긴 후 '업무 스피드가 빨라졌다'고 응답한 사람은 전년보다 45명 증가했고, '생산현장에 도움이 되고 있다'고 응답한 사람도 51명이 늘었다. 일곱 번째, 셀생산에 대해서는 70%가 '레이아웃 변경이 쉬워졌다'고 응답했고, '생산성과 품질이 좋아졌다'고 말한 사람은 40%가 넘었다.

여덟 번째, 셀컴퍼니에 대해서는 66%가 '공장의 개혁에 도움이 되었다'고 답했고, 53%가 '자신의 업무에도 도움이 되었다'고 했다. 60% 이상이 '셀컴퍼니가 되고 나서 작업 스피드가 빨라져서 생산성이 좋아졌으며 품질, 납기, 재고, 관리 레벨이 좋아졌다'고 응답했다. 그중에서도 생산성이 좋아졌다는 응답이 가장 많았다.

아홉 번째, 산덴 아카기 공장의 직원들이 느끼는 개혁의 달성도는, 88%가 '아직 60% 이하'라고 답했다. 직원들은 개혁이 지속되길 원하고 있었다. 활동을 하고 보니 해야 할 일들이 아직도 많이 남아 있고, 내가 평가한 '30점 정도'라는 말에 공감했다고 말했다. 앞으로도 더욱 많이 지도해달라고 답한 사람이 많았다. 마지막으로 아카기 공장의 전망에 대해 직원들은 어떻게 생각하는지 물었을 때, 코로나19가 계속되고 있어 다소 불투명하지만 40% 정도의 인원이 '좋아질 것'이라고 답했다.

무엇이 구성원의
손발을 묶고 있는가?

핑계 대지 않는 고성과 조직을 만들기 위해서는 2가지가 선행되어야 한다. 바로 조직혁신과 낭비제거다. 앞서 제조현장에서의 조직혁신과 낭비제거의 방법으로 셀컴퍼니를 소개했다. 그렇다면 일반 회사에서는 어떻게 조직을 혁신하고 낭비를 제거해야 할까?

우선 조직을 셀컴퍼니와 같이 '포장마차' 형태로 만들어야한다. 포장마차 주인의 하루를 생각해보자. 새벽에 일어난 주인은 그날 날씨에 맞춰 재료를 준비한다. 비가 오면 파전 재료를 준비하고, 날이 추우면 뜨끈한 국물요리를 준비한다. 매일매일 날씨에 맞춰 수요를 예측하고 장을 본다. 그리고 그 재료들로 조리해서 손님을 맞는다. 그렇게 장사를 마친 뒤 집으로돌아가 곧장 그날 번 돈을 결산하고 잠자리에 든다. 그러고는또 다음 날 새벽에 일어나서 장사준비를 시작한다.

'핑계 대지 않는 조직'을 만들기 위해서는 구성원 개개인이포장마차 주인과 같은 경영능력을 가져야 한다. 만약 누군가시켜서 이 모든 걸 해야 한다면 아마 3일도 못 가서 "이 돈 받고는 못 한다."며 포기해버릴 것이다. 어떤 제품(안주)을 얼마만 큰 만들지, 가격을 어떻게 매길시, 손님을 어떻게 끌어들일지 (마케팅), 어떻게 고객만족(서빙과 음식의 맛)을 실현할지를 스스로 결정하기 때문에 포장마차 주인은 자기 사업을 잘 경영할 수 있다. 쉽게 말해 자기결정권이 있기 때문에 결과에 대한 책임도 스스로 진다는 뜻이다. 장사가 잘되든 못되든 남 탓으로 돌리거나 핑계 대지 않는다.

낡은 조직도와 구닥다리 매뉴얼을 고쳐라

나는 이 자기결정권이야말로 구성원을 몰입하게 만드는 힘이라고 생각한다. 그런데 많은 구성원들이 직장에서 몰입을 못한다. 왜 그럴까? 너무 촘촘한 업무분장이 그들의 손발을 묶고 있기 때문이다. 그러다 보니 자기 작업대 위에 달린 형광등이 나가도 자기 업무가 아니라며(자기결정권이 없으니) 교체할 생각을 하지 않는다. "깜깜한데 왜 형광등을 안 고쳐요?"라고 물으면, "그걸 왜 저한테 얘기합니까? 공무과에 연락했는데 아직 안 바꿔줬습니다." 한다. 실제로 그런 일이 자주 일어난다.

"왜 저한테 얘기합니까?" 이 말에 조직의 문제가 그대로 담겨 있다. 업무분장이라는 높은 벽이 부서 간 이기주의, 불협화음, 무관심이 팽배한 조직을 만든 것이다. 자기 업무영역을 좀 넓혀보려는 사람이 있더라도 "네가 뭔데 나서? 뭔데 잘난 척해?" 하며 '모난 돌' 취급을 하기 십상이다. 나 또한 제조부장 시절에 그런 소리를 들었다. 제조현장의 문제를 해결하려고 동분서주했지만, 칭찬과 격려보다는 "왜 너 혼자 튀려고 그래? 하지 마." 하는 소리를 들어야 했다. 대부분의 회사가 이와 비슷할 것이다.

그런데도 경영자나 임원들은 잘못된 그릇을 바꿀 생각을 하기보다는 "요즘 직원들은 통 일을 안 해. 옛날에 우리는 되게 열심히 했는데, 요새는 다들 열정도 없고 억지로 하는 것처럼 건성건성 해." 하며 불평불만을 쏟아놓는다. 사실 근본적인 이유는 따로 있다. 바로 요즘 젊은 직원들에게 맞지 않는 낡은 조직도와 매뉴얼 때문이다.

스마트 세상에서 태어나 첨단 기술에 익숙한 젊은이들한테 1980~90년대에 만들어놓은 조직도와 매뉴얼대로 일하라는 것은 마치 한여름에 겨울옷을 입으라는 것과 같다. 물론 예전에는 한여름 더위에도 겨울옷을 입으라고 하면 그냥 입고 묵묵히 일했다. 그래서 그런지 경영자들은 요즘 젊은이들도 당연히 그렇게 해야 한다고 생각하고, '왜 겨울옷이 싫다고 불평불만만을 늘어놓는지 모르겠다'고 투덜거린다.

하지만 지금의 젊은 직원들은 컴퓨터는 기본이고, 외국어도 한두 가지 할 줄 아는 상태로 입사한다. 기존에 먼저 입사한 선배들보다 일처리 속도가 훨씬 빠른데도 불구하고 옛날 방식으로 일을 시키니, 답답해하고 못 견디는 것이다.

일례로 내가 몸담았던 롯데그룹에 입사한 직원들만 하더라도 치열한 경쟁을 뚫고 들어와서는 천편일률적이고 단순한 업무에 배치되었다. 어렵게 들어왔는데 주로 하는 일은 커피 심부름이나 복사 심부름이다. 게다가 그걸 또 잘했니 못했니 하는 잔소리를 한참 듣다 보면, '내가 이러려고 대학 나오고 대학원 다닌 게 아닌데…' 하며 열이 날 수밖에 없다.

내 생각에 요즘 젊은 직원들은 일을 안 하는 게 아니라 많이 배웠고 똑똑하기 때문에 일처리가 빠른 것이다. 그러면 개개인의 특성에 맞춰 남는 시간에 할 일을 회사가 줘야 한다. 그런데도 예전에 만들어놓은 매뉴얼이나 업무분장으로 그들의 손발을 묶어놓고 있으니, 고학력, 고임금 인력의 낭비일 수밖에 없다. 능력 있고 다양한 사람들이 들어와서 두부공장의 모판두부처럼 되어버린다면 직장생활에서 개인의 발전은 기대할 수 없다. 그리고 직원이 발전하지 못하면 조직의 발전도 없다.

물론 우리나라의 많은 기업들도 변화하기 위해 노력 중이다. 문제는 여전히 고객이 아니라 공급자 중심으로 생각한다는 것이다. 직원은 고객이다. 고객 위주로 생각해서 고객이 편하고 즐겁게 일할 수 있도록 판을 깔아줘야 하는데, 바꾸는 권한을 가진 상사들이 옛날 기준, 옛날 생각에 맞춰 바꾸니까 효과도 없고 성과도 없다. 이렇게 변화가 어렵다 보니 포기도 빠르다.

흔한 말로, 조직에서 '님' 자만 떼면 혁신인 줄 안다. 지금 젊은 세대한테 '님' 자를 붙이고 안 붙이고가 무슨 상관이겠는가. 바꾸는 사람의 머리가 깨이지 않고 흉내만 내려 하니 본질에 접근하지 못하는 것이다.

나는 임원들에게 병과가 없듯이 직원들도 병과를 없애고 자유롭게 뛰어놀 판을 만들어줘야 한다고 생각한다. '위험하니까 이것도 하지 말고, 저것도 하지 말고, 그냥 시키는 것만 해라' 하며 업무를 잘게 쪼개서 주기보다 자기 역량껏 '이것도 하고, 저것도 하고, 할 수 있는 것 다 해라' 하고 업무를 넓혀주는 것이다. 물론 업무분장이나 매뉴얼이 아예 없으면 너무 막연할 것이다. 임원들도 공장 담당 임원, 영업 담당 임원 식으로 나뉘어 있듯이, 어느 정도의 영역은 정해놓고 그 범위 안에서 자유롭게 넘나들 수 있도록 하는 것이 인력 활용 면에서 훨씬 더 효과적이다.

예를 들어 회계, 원가, 경리로 나뉘어 있는 것을 한 영역 안에 넣는다고 해서 큰 무리가 따르지는 않는다. 또 인사, 교육, 총무를 같은 영역으로 묶고 인력을 활용하는 것이 훨씬 효율적이다. 산덴에서 제조과 전체의 여유 인원을 생산총괄부에서 컨트롤하며 일손이 모자라는 곳에 지원하는 것처럼 말이다.

이것은 경영자가 선택할 문제다. 나는 직원들은 그릇만 제대로 만들어지면 최선을 다해서 일할 수 있는 사람들이기 때문에 업무를 넓혀줘야 하고, 되도록 손발을 붙들어 매면 안 된다고 생각한다. 옛날 사고방식을 가진 사람들은 반대할 수도 있다. "무슨 소리야? 직원들은 틈만 나면 딴짓하고, 안 보이는 데서 놀려고 들기 때문에 반드시 감시하고 관찰해야 하는데." 경영자가 이렇게 생각한다면, 그 조직은 구성원의 손발을 묶고 서로가 서로를 감시하게 만들지도 모른다. 무엇을 선택할 것인가?

'마이다스' 활용해 멀티플레이를 가능하게

일정 영역에서 업무를 자유롭게 넘나들기 위해서는 셀컴퍼니의 '마이다스' 개념을 활용하면 된다. 즉 영업조직이든 관리조직이든, 멀티플레이어로 일할 수 있게 해주는 것이다.

사실 어떤 업무든 하다 보면 숙달되게 마련이고, 능률도 올라간다. 그러면 스킬업된 만큼 업무가 달라져야 하는데, 생산직과 달리 영업이나 관리조직은 공수 측정이 안 되다 보니 몇 프로가 향상됐는지 알 수가 없다. 그러니 스킬이 좋아졌든 그대로든, 처음에 주어진 업무만 수년간 똑같이 반복할 수밖에 없다.

그런데 물도 오래 고여 있으면 썩듯이 직원들도 자기발전 없이 정체되어 있으면 딴짓을 하게 마련이다. 물론 처음에는 자기 업무를 처리하는 데 8시간도 모자랐다. 회사가 그렇게 만만하게 일을 주지는 않으니까. 하지만 차츰 숙달되면 8시간 동안 하던 일을 4시간 만에 끝내고, 더 잘하게 되면 2시간 만에 끝낼 수 있다. 극단적으로 아침에 출근해서 30분이면 다 처리할 수 있는 경지에 이른다.

그러면 나머지 시간은 뭘 할까? 안타깝게도 이게 직장인들의 엄청난 고민이다. 셀컴퍼니에서는 업무가 숙달되면 점점 더 빠르고 난이도 높은 자리에 배치되고, 그런 업무에 익숙해지면 멀티플레이어가 된다. 일을 하며 자기발전도 따라오는 것이다. 게다가 성과에 따라 인센티브도 받고 표창도 받으니 성취감도 커지고 일하는 재미도 있다. 그런데 일반 조직에서는 그게 안 되니 시간만 때우는 것이다. 요새는 스마트폰으로 놀거리(?)들이 상당히 많아졌지만, 회사로서는 부가가치가 안 생기는 일이다.

그러니 구성원의 그릇을 바꿔줘야 한다. 구성원이 멀티플레이어가 될 수 있도록 조직을 탈바꿈해야 한다. 예를 들어 셀컴퍼니의 마이다스처럼 영업조직에서도 현재 하는 업무에 한 가지를 더 하면 2급, 2가지 더하면 1급, 3가지 업무를 추가해 모든 영업 업무를 다 할 수 있으면 슈퍼 플레이어가 되는 식이다. 물론 이에 따른 부와 명예와 권력(인센티브, 승진, 표창 등)의 배분도 이루어져야 한다.

사실 영업도 세그먼트별로 나눠져 있는 경우가 많다. 자동차 세일즈를 예로 들면, 그랜저, 아반떼, 캐스퍼를 각각 팔게 되어 있을 때, 캐스퍼를 파는 직원이 아반떼도 같이 팔면 멀티플레이어가 되는 것이다. 또 영업사원이 서비스 업무를 겸하는 것도 멀티플레이다. 영업사원이 영업을 하러 갔다가 문제가 있는 자사 제품을 간단히 수리해준다든가 타사 제품을 사서 곤란을 겪는 고객에게 일단 임시조치를 해주고 이후 자사 제품을 사게끔 유도할 수도 있다.

영업사원이 서비스를 겸하거나 서비스 사원이 영업을 겸하는 것은 굉장히 부가가치가 높은 멀티플레이다. 지금은 '나는 영업만 하는 사람', '너는 서비스만 하는 사람'이라고 정해져 있다 보니, 문제가 생기면 영업사원이 갈 때 서비스 사원도 따라가야 한다. 한 사람이 가도 될 것을 두 사람이 가야 하는 것은 낭비가 아닌가? 제조현장에서 낭비를 제거해 활인을 하듯이, 관리나 영업에서도 마이다스의 개념을 도입하면 활인을 할 수 있다.

또 하나, 멀티플레이어가 되면 많은 기업과 관공서에서 시행하는 전환배치를 따로 할 필요가 없다. 대개 한 사람이 같은 자리에 오래 있으면 부정결탁을 한다든가 꼼수를 부리는 등 부정한 일이 생길까 봐 전환배치를 한다. 그런데 1명이 4가지 업무를 다 한다면 굳이 그럴 필요가 없다.

예를 들어 A조직에서 1명당 1가지씩 4명이 각자 다른 4가지 업무를 한다고 치자. 또 다른 B조직은 4가지 업무를 1명당 4분의 1씩 골고루하는 사람 4명이 있다. A와 B는 똑같이 4명이 4가지 업무를 처리하지만 큰 차이가 있다. A처럼 1명이 1가지 업무를 하다 보면 그 사람이 결근하면 그날 일을 못 하거나 교대해줄 인력이 필요하다. 그런데 B처럼 4가지 업무를 4분의 1씩 할 수 있는 4명이 있다면, 1명이 결근해도 나머지 3명이 일을 나누어서 할 수 있다.

이렇게 업무를 어떻게 배치하느냐에 따라서 낭비를 제거할 수도, 일의 효과를 충분히 높일 수도 있다. 더군다나 4명이 모두 같은 업무를 하기 때문에 부정결탁이 일어나기가 쉽지 않다. 서로 견제도 되고 결근 등에 대한 인력대응도 가능하다. 지금처럼 월급은 계속 올라가는데 30년 동안 똑같은 업무를 하고, 게다가 대체인력까지 있어야 한다면 회사나 직원 모두에게 부담이 된다.

멀티플레이 조직에서는 셀컴퍼니처럼 철저하게 성과를 가지고 평가할 수 있다. 사실 그런 평가가 안 되니 윗사람이 사소한 것 가지고 야단치기 일쑤다. 글자 한두 개 틀렸다고, 포맷이 안 맞는다고 화를 내는 것이다. 하지만 멀티플레이어가 되면 한가하게 주위 사람 눈치 볼 시간이 없다. 성과를 내고 회사에 기여한 만큼 보상을 받는 재미가 생기는 것이다. 이렇게 되면 구성원 각자가 의욕적으로 일하고 얼굴에서 빛이 난다. 조직에 활기가 생기는 것이다.

회사는 구성원에게 숨어서 눈치 보는 게 아니라 빛이 날 수 있는 업무를 주어야 한다. 직원은 고객인데 어떻게 고객을 눈치 보게 만든단 말인가?

동네의원, 중급병원, 종합병원의 개념을 도입하라

어떻게 하면 멀티플레이 조직을 만들 수 있을까? 일반적으로 많은 회사가 전문가 위주의 조직을 짠다. 그러나 나는 기회가 있을 때마다 "회사는 전문가를 양성하는 곳이 아니라, 이익을 창출하는 곳"임을 강조한다. 이게 무슨 이야기일까? 제조 현장을 예로 들면, 공장에서는 생산관리만 하는 생산관리 전문가, 구매만 하는 구매 전문가, 검사만 하는 검사 전문가 등으로 전문가 조직을 짠다. 그 전문가들은 자기 전문 분야에서만 30~40년을 근무한다. 그러니 앞에서 설명했듯이 일이 익숙해지고 나면 시간이 남아서 어찌할 바를 모르게 되는 것이다.

이렇게 전문가 조직을 만들어놓으면 뭐가 좋을까? 내 생각에는 이직하기가 제일 좋다. 결국 회사가 '언제라도 뛰쳐나갈 수 있는 전문가'들을 키워놓은 꼴이다. 구성원이 회사에 녹아들어서 회사와 같이 움직일 수 있도록 해야 하는데, 구성원이 이력서 쓰기 좋은 조직을 만들어놓았다. 그래 놓고는 "저 사람이 왜 나가지? 열심히 가르쳐놨는데…." 하며 뒤늦게 아쉬워한다. 나가라고 열심히 가르쳐놨으니 나가는 것 아니겠는가. 때문에 이직하기 좋은 전문가 조직을 만들어서는 안 된다.

또 하나가 있다. 전문가 조직으로 만들어놓다 보니 과하게 깊이 들어가려는 경향이 있다. "너는 교육만 해라, 너는 회계만 해라, 너는 생산관리만 해라." 이렇게 만들어놓고 그걸 30~40년 하게 하니까 계속 깊어진다. 확장이 불가능하니 깊어지는 것이다. 사실 관리조직의 경우라면, 세금 내는 데 문제없고, 직원들 복리후생에 문제없으면 된다. 그런데 과하게 깊은 지식과 데이터를 만들어내고 있다. 그건 낭비다. 그럼에도 조직이 그러라고 만들어놨으니, 열심히 깊게 파고들며 '박사'들이 되어간다.

회사는, 아주 전문적인 연구조직이 아닌 다음에야, 그렇게까지 박사들이 필요하지는 않다. 돈을 벌 수 없는 조직은 셀컴퍼니처럼 모두 분해해서 돈 버는 조직에다 틈틈이 박아놔야 한다. 일반 회사에서 어떻게 하면 그것이 가능할까?

셀컴퍼니를 다시 한번 생각해보자. 셀컴퍼니는 하나의 컴퍼니 내에서 발주부터 출하까지 모두 전담한다. 이것을 병원이나 호텔에 적용해보면 어떨까?

실제로 병원, 호텔 경영자들이 나에게 어떻게 하면 자기 회사에도 셀컴퍼니를 도입할 수 있겠느냐고 종종 문의하곤 한다. 병원이나 호텔의 경우에도 컨베이어벨트처럼 고정인원이 상주해 있어야 한다. 그런데 고정인원보다 손님이 적으면 적자가 날 수밖에 없다. 만약 호텔을 찾은 손님 1명을 직원 1명이 전담한다면 어떨까? 체크인부터 체크아웃까지, 접수부터 시작해서 청소, 룸서비스, 모닝콜 서비스 등 모든 것을 처리해주는 전담 직원이 생긴다면 어떨까? 이렇게 직원들이 멀티플레이어가 되면 개개인의 역량도 드러낼 수 있다. 호텔의 경우 고객이 룸 안에 있을 때는 특별히 편의를 봐줄 일이 별로 없으니, 직원 1명이 자기 역량에 따라 4명 혹은 5명을 전담할 수 있다. 아마 탁월한 직원은 고객 10명까지도 커버할 수 있을 것이다. 이렇게 전담이 생기면 서비스의 질이 올라가 손님도 좋고, 직원도 자기 역량을 제대로 평가받을 수 있다. 물론 회사도 확인이 되니 이익이 난다. 그런데 "너는 앞에서 문만 열어줘, 너는 접수만 해, 너는 청소만 해." 하는 식으로 개개인을 모두 전문가로 만들어놓다 보니 회사는 전문가투성이인데 성과가 안 나는 악순환이 반복된다.

병원도 마찬가지다. 환자가 있건 없건 엄청나게 많은 인력이 스탠바이 하고 있다. 이런 병원에 셀컴퍼니 개념을 도입해서 환자 1명을 직원 1명이 전담해 처음부터 끝까지 케어하는 방법을 생각해볼 수 있다. 건강검진을 받으러 병원에 갔을 때를 떠올려보자. 접수부터 시작해서 병원 곳곳을 사방팔방 누비게 된다. 지리도 익숙하지 않은 그 큰 병원을 이리저리 헤매면서 왔다 갔다 하다 보면 지레 지친다. 그런데 직원 한 사람이 전담해서 환자가 검진을 받고 나갈 때까지 케어해주면 어떨까? 환자로서는 자기만 전담해주는 사람이 있으니 편하고, 다음에도 그 직원만 찾으면 모든 것을 해결할 수 있으니 아마도 그 병원을 계속 찾게 될 것이다. 이게 바로 혁신이다.

이렇게 조직을 혁신하기 위해서는 각 조직의 업무를 디테일하게 파악하는 것이 우선이다. 그다음에 각각의 업무들을 크게 3가지로 분류한다. 고도의 전문적인 수술이 가능한 종합병원의 업무, 간단한 수술을 할 수 있는 중급병원, 그리고 간단한 처치나 약 처방을 해주는 동네의원 업무로 분류하는 것이다. 그런 뒤 종합병원의 고차원적인 핵심 업무를 제외하고, 중급병원이나 동네의원 업무 가운데 이양할 것들을 어느 조직에 어떻게 주면 좋을지를 생각하면서 조직도를 새로 짜는 것이다.

한 사람이 3~4가지 업무를 하려면, 종합병원 업무까지 맡길 수는 없다. 하지만 동네의원 업무는 얼마든지 3~4가지를 할 수 있다. 이렇게 종합병원 안에서 부가가치가 적고 낭비를 일삼는 중급병원, 동네의원 업무들을 이양하면 조직의 효율성도 좋아지고, 업무의 질도 높아진다.

그런데 각각의 업무들은 회사마다 다를 수밖에 없다. 삼성전자의 동네의원 업무와 직원 10명 이하인 작은 회사의 동네의원 업무가 같을 수는 없다. 그러니 회사마다 자기 조직의 업무를 잘 파악해서 분류하는 것이 중요하다. 그런 뒤 멀티플레이가 가능한 업무들부터 접목해나가면서 점차 멀티플레이 조직으로 바꾸어나가는 것이다.

하수도 처리 조직은 반드시 필요하다

조직을 혁신할 때에는 반드시 상하수도의 업무를 구분해서, 어느 부서가 어떤 업무를 어디까지 해야 하는지 명확하게 해야 한다. 사실 조직도라는 것은 업무의 흐름을 나타내는 '표'라고 할 수 있다. 때문에 구성원이라면 누구라도 회사의 조직도를 보고 상수도 업무는 무엇이고, 하수도 업무는 무엇인지, 또 업무가 어떻게 상류에서 하류로 흘러가는지 알 수 있어야 한다. 그래야 '아, 나는 불을 끄는 일을 하는구나', '아, 나는 범인 잡는 일을 하는구나' 하고 알 수 있다. 물론 불을 끄러 갔다가 범인도 잡을 수 있겠지만, 어쨌든 조직도를 보면 조직의 흐름을 알고, 그 안에서 자기가 무엇을 해야 하는지 명확히 알 수 있다. 또 그렇게 만들어야 한다.

어느 기업이든 상류에서 하류까지 업무가 막히지 않고 잘 흘러야 이익이 생기고 성과가 난다. 그런데 대부분의 조직에서는 하류의 업무, 소위 '하수도 업무'를 처리하는 부서나 직원을 따로 두려 하지 않는다. 여기서 하수도 업무란 기업에 악영향을 끼치는 모든 것을 일컫는다. 이를테면 재고, 불량, 시장 클레임, 미수금 등 회사의 이익을 갉아먹는 모든 것이 하수도 업무다. 그런데 업무분장에 어느 부서가 어디까지 해야 하는지가 명확하게 나와 있지 않다 보니, 문제가 생기면 직원들이 "마이볼!" 하며 뛰어가는 것이 아니라, "아이고, 오늘도 문제 생겼네?" 하며 지켜보기만 한다.

왜 이런 일이 생길까? 대부분의 회사가 하수도 업무는 발생하지 않으면 그만이라고 생각하기 때문이다. 즉 관리만 잘하면 된다고 생각하는 것이다. 이것은 마치 범죄자가 없으면 경찰서가 필요 없고, 불이 안 나면 소방서가 필요 없다고 생각하는 것과 같다. 관리만 잘하면 경찰서나 소방서를 만들지 않아도 되는 걸까? 궤변이 따로 없다. 물론 범죄는 일어나지 말아야 하고, 화재도 발생하지 않아야 한다. 하지만 이상과 현실은 다르지 않은가? 회사가 아무리 관리를 잘 한다고 해도 100% 완벽할 수는 없다.

흔히 회사는 공장에 '불량률 제로, 클레임 제로, 안전사고 제로'와 같은 아무도 할 수 없는, 그리고 말도 안 되는 목표를 요구한다. 그리고 그게 당연하다는 듯이 그렇게 하겠다고 허위(?)보고로 그때그때 상황만 모면하고 있다. 내가 40년 가까이 직장생활을 하면서 수많은 기업의 사례를 듣고 보아왔지만, 이 '3가지 제로'를 달성하고 유지한 곳은 없었다. 그렇다면 안 되는 것은 안 된다고 서로 인정하고, 그러한 문제가 생겼을 때 잘 대비할 수 있는 조직을 마련해야 한다.

불량이 났을 때를 대비해서 하수도 처리 부대가 있어야 한다. 그런데 부서장들은 그런 부서나 직원을 요청할 수가 없다. 본인들이 '불량 제로'를 달성하겠다고 선언해놓고, 그래도 혹시 모르니까 하수도 처리 조직이 필요하다고 말하면 누가 사람을 주고 예산을 주겠는가?

연간계획을 세우는 회의실에서 이런 대화가 오간다고 가정해보자. 어느 부서장이 이렇게 말한다.

"우리 부서는 불량률 10%에 도전하겠습니다."

아마도 사장, 임원들에게 엄청나게 혼날 것이다.

"부서장씩이나 돼서 정신이 있냐, 없냐?"

그런데 작년에 15%였던 불량률을 올해 10%로 줄이겠다고 하는 것은 개선하겠다는 것이 아닌가? 그리고 내년엔 5%로 줄이면서 차츰 '제로'에 가까워지도록 현실적인 목표를 세우고 도전해나가야 한다. 그런데 현실은 무시하고 무조건 '불량률 제로'를 목표로 하니, 문제가 생겨도 숨기려고 한다. 이렇게 누적된 문제들이 한꺼번에 터져버리면 회사가 감당하지 못할 지경에 이른다. 때문에 절대 '제로'에 도전해서는 안 된다. 하수도 업무가 생기는 현실을 인정하고, 그 해결방안을 구체적으로 명시해야 한다. 즉 불이 나면 누가 꺼야 하는지, 하수도가 막히면 누가 뚫어야 하는지를 업무분장에서 명확하게 보이도록 해두어야 한다.

고급 맨션에 화장실이 없을 수 없다

그렇다면 조직에서 하수도 업무는 어떻게 처리하면 좋을까? 앞에서 설명한 멀티플레이 조직을 만드는 것과 비슷하다. 우선 하수도 업무를 죽 나열한 뒤 종합병원, 중급병원, 동네의원 업무로 분류한다. 그다음 중급병원, 동네의원의 음지 업무(하류 업무)를 어디에 주면 양지 업무(상류 업무)가 될지 판단한다.

이를테면 일반 기업에서 청소나 경비, 식당 업무는 하류 업무에 속한다. 그런데 이걸 아웃소싱해서 경비는 경비업체에,

식당은 케이터링 업체에, 청소는 청소업체에 주면 양지의 업무(상류 업무)가 된다. 또 영업에서 물건을 팔았는데 돈을 못 받거나 상대 회사가 부도가 나는 일도 생길 수 있다. 이런 음지 업무를 경영지원실이나 감사실처럼 전문가 집단이 있는 곳에 떼어주면 양지의 업무가 될 수 있다. 감사실이라는 곳이 꼭 내부 직원들의 비리만 찾아낼 필요는 없다. 이런 식으로 하수도 업무를 쭉 나열해놓고 어디에 뿌리면 음지가 양지가 될 것인지, 또 어디로 가면 빨리빨리 해결할 수 있는지를 판단해서 처리하면 조직의 낭비를 제거할 수 있다.

또 다른 방법은 상설화다. 하수도 업무 중에 경찰서나 소방서처럼 상설화하는 게 더 효과적인 것이 있다. 그런 경우는 그 업무만 처리하는 부서를 상설화하는 것이다. 앞에서 산덴의 제품기술과를 신설한 이야기를 했다. 사실 제품기술과가 없었을 때도, 그 이전 70년 동안 회사가 유지되어 왔다. 하지만 이 부서가 생기면서 관련 직원들의 만족도가 올라가고, 업무의 스피드도 상당히 빨라졌다. 우리가 잘 모르는 것을 대응해주기 위해 변호사나 세무사가 있듯이, 제품기술과라는 전문가 집단이 생기면서 민원도 확 줄어들고, 업무도 수준 높아졌으며, 처리 속도도 빨라질 수 있었다.

하수도 업무라고 해서 무조건 냄새나고 더러운(?) 것은 아니다. 하수도 업무를 처리하는 조직을 만들면 산덴의 제품기술과처럼 일처리의 지연이나 오류를 막아내는 역할을 한다. 덕분에 구성원들은 훨씬 더 빠르고 효과적으로 일할 수 있다.

조직도를 만들면서 하수도 업무 처리 조직을 생각하지 않는 것은, 고급 맨션을 지으면서 화장실을 생각하지 않는 것과 같다. 아무리 비싸고 화려한 집이라도 화장실이 없으면 좋은 집이 아니듯이, 조직도 마찬가지다. 직원들은 일에 치여서 쩔쩔매고, 문제가 생기면 엉뚱한 사람이 가서 야단맞는 조직에서 좋은 조직문화가 생길 리 없다. 조직문화를 개선하려면 먼저 엉터리없는 부분을 도려내야 한다.

군더더기와 낭비만 없애도
일할 맛이 난다

안 되는 회사일수록 직원들이 늦게 퇴근한다. 자기 때문에 일이 안 된다는 얘기를 들을까 봐 다들 열심히 앉아 있다(일을 하는 게 아니라 앉아만 있다). 이를 방증하듯 한국은 OECD 국가 중 최장 시간 일하는 나라다. 그런데 그 일하는 시간에 비해 생산성은 가장 낮다. 얼마 전까지만 하더라도 직장생활에서 야근과 특근은 기본이었다. 그래도 요즘에는 주 52시간 근무제 때문에 많은 회사에서 정시 퇴근이 이루어진다. 그런데 또 이것 때문에 회사는 당황스럽다. '5시 땡 하면 PC가 자동으로 꺼져버리는 식'이다 보니 회사는 회사대로 불만이 크다.

일과 생활의 밸런스는 중요하다. 직장생활은 100m 달리기가 아니라, 장거리 마라톤이기 때문이다. 이를 위해서는 일과 생활의 밸런스가 잘 맞아야 한다. 그렇다면 기업이나 직원 모두 만족스러운 워라밸은 어떻게 가능할까? 나는 조직에 산재한 각종 낭비제거에 그 답이 있다고 생각한다.

예를 들어 영업의 낭비에 대해 생각해보자. 영업에는 어떤 낭비가 있을까? 나는 직원들에게 "눈도장 찍으러 출근하지 말라.”는 이야기를 자주 한다. 영업사원의 하루 일과를 보면, 아침에 출근해서 보고서 몇 자 쓰고, 팀장에게 업무지시를 받은 다음에 영업활동을 하러 나갔다가 저녁에 다시 들어온다. 나는 이것 자체가 낭비라고 생각한다. 왜 영업사원이 회사에 왔다가 나가야 할까? 눈도장 찍으러 들어와서 10~11시 되면 어디 가서 점심 먹을까 생각하고, 느지막이 나가서 영업을 하다 보면 영업할 시간이 없는 게 많은 회사의 실상이다.

칼퇴근하는 '몹쓸 놈'이 들어왔다?

우리나라 사람들은 왜 이렇게 '눈도장'을 중요하게 여길까? 세상에 그것만 한 낭비가 없다. 나는 1982년에 회사에 들어왔는데, 그 엄혹한 시절에도 입사한 첫날부터 '칼퇴근'을 했다. 과장, 부장이 있어도 내 업무가 끝났으니 퇴근했다. 그랬더니 “아주 몹쓸 놈이 들어왔다.”며 부서가 발칵 뒤집혔다. 직속 상관이 불러서 “과장님도 계시고 부장님도 계신데, 어디 신입이 먼저 퇴근하느냐?”며 야단을 쳐도, 그냥 듣고 있다가 저녁이면 또 칼퇴근을 했다. 내가 아무리 “일이 있으면 밤새라도 할 테니 일을 주십시오.” 해도 소용없으니 퇴근했던 것이다.

당시에도 나는 회사는 일하러 오는 곳이고, 일이 없으면 퇴근하고 일이 있으면 누가 있든 없는 하는 거지, 쓸데없이 윗사람 눈치 보며 우두커니 앉아 있어야 하는 게 영 마음에 안 들었다. 나중에는 나도 안 되겠다 싶어서 동기 2~3명과 작당해서 '집단 칼퇴근'을 시도했는데, 동기들은 잡혀서 못 나가고 결국 나 혼자만 계속 '칼퇴근'을 하며 '몹쓸 놈'이 되었다. 그래도 안 잘렸던 이유는 어느 날 외국에서 들여온 기계가 망가져서 회사에 난리가 났는데, 고치다가 도저히 안 되겠는지 고양이 손이라도 빌린다는 심정으로 내게 한번 해보라고 해서 가서 고쳐줬다. 그랬더니 야단만 치던 부장이 "이놈 맨날 속만 썩이더니 그래도 일은 할 줄 아네." 하며 분위기가 전환되었다. 일은 그런 것이다. 일이 있으면 철저하게 하고, 없으면 임원이든 누구든 눈치 볼 필요가 없는 것이다.

영업의 낭비를 제거하기 위해서는 우선 '눈도장 낭비' 없이 현장으로 출근하고 현장에서 퇴근해야 한다. 요즘은 지정석 없이 빈 자리에 앉아서 업무를 보는 '로케이션 프리(location free)'를 넘어 아예 사무실 자체를 없애는 '오피스 프리(office free)'를 추구하는 시대다. 카페든, 집이든, 공유 오피스든, 자신이 원하는 곳에서 일하고, 대신 회사는 직원들에게 홈 오피스를 꾸미는 비용부터 공유 오피스 대여비, 카페에서 마실 음료 값까지 지불해준다. 이런 비용을 다 합쳐도 대형 사무실을 운영하는 비용보다 싸다고 한다. 그런데 하물며 현장에서 뛰어다녀야 할 영업사원들의 자리를 위해 대형빌딩 한 층을 통째로 빌려서 운영한다면, 그 낭비는 얼마이겠는가. 공장에서와 마찬가지로 '활스페이스'의 개념이 필요하다.

또한 영업사원의 '현출, 현퇴'를 위해서는 직원을 의심하는 것부터 없애야 한다. 물론 신입사원은 교육을 받기 위해서라도 회사에 왔다 갔다 해야 한다. 하지만 입사 3년차가 회사 들어오지 말라고 했다고 해서 괜히 어슬렁거리거나 사우나나 다니는 사람이 몇이겠는가. 물건을 팔아야 할 영업사원을 못 믿어서 앉혀놓는 것만 한 낭비는 없다.

더욱이 사장한테 실적보고를 하기 위해서 혹은 팀장이 달라는 자료를 준비하느라 영업사원이 자리에 붙잡혀 있으면 안 된다. 왜 사장한테 올리는 실적 추정보고서를 영업사원이 쓰는가? 책상에 앉아서 시나리오를 쓴다고 물건이 팔리는 것도 아닌데 말이다. 1대라도 더 팔려고 뛰어다녀야 할 사람이 자리에 앉아서 어디 로또 맞을 곳 없나 꿈꾸며 쓴 '환상의 시나리오'는 결과가 참담할 수밖에 없다.

영업도 활스페이스와 활인에 집중하라

영업사원은 시간을 효율적으로 사용해야 한다. 해외출장 갈 때 출장계획서를 내듯이 국내 영업도 활동계획을 잡아서 이메일이나 SNS로 팀장이나 임원의 지시만 받으면 된다. 그런데 12시쯤 나가서 오후 6~7시에 들어오면 2~3시간밖에 영업활동이 안 된다. 이렇게 낭비가 많으니 인원이 부족할 수밖에 없다. 시간의 낭비를 50% 줄이면, 영업사원이 8명이라고 할 때 인원이 4명 늘어나는 효과가 있다. 한두 명이 없어서 쩔쩔 매는 게 영업인데, 4명이면 엄청난 숫자다. 제조현장에서 공간과 인원을 늘리는 것만이 해결책이 아니었듯이, 영업에서도 낭비를 줄여 활스페이스와 활인을 해야 한다.

또한 진정한 워라밸이 되기 위해서는 제조현장에서와 같이 먼저 인재와 업무의 '재고'를 조사해야 한다. 즉 조직에 어떤 인재들이 있고, 그 인재들이 적재적소에 배치되어 있는지 우선 파악하는 것이다. 그리고 셀컴퍼니에서 했던 것처럼 핑계만 대고, 일하는 척하며, 없어도 되는데 월급만 축내는 사람, 구성원을 의심하는 부서나 업무는 없는지 파악한다. 이렇듯 관리나 영업조직 등 회사 곳곳에 산재한 '불량재고'들을 파악해야만, 현재 조직에 얼마나 많은 낭비가 쌓여 있는지 알 수 있다. 그리고 조직에 대한 정확한 진단이 이루어져야 그에 맞는 새로운 생각들,

즉 셀컴퍼니와 같은 조직의 혁신 방법들을 마련할 수 있다.

1980년대에는 10명 중 7명이 일을 할 수 있다는 자체만으로도 직장생활에 만족했다고 한다. 그런데 지금은 90%의 직장인들이 직장생활이 재미없고 불행하다고 한다. 왜 그럴까? 쓸데없는 일로 너무 바쁘기 때문이다. 어디다 쓰는지도 모르는 보고서를 만드느라 업무시간의 40%를 쓴다. 그리고 30%의 시간은 그 보고서를 가지고 회의하는 데 쓴다. 이렇게 시간을 빼앗기다 보면 막상 자신이 해야 할 일은 업무시간에 끝내지 못하고 야근하고 특근하느라 워라밸이 무너진다는 것이다. 낭비되는 시간을 어떻게 줄일까? 나는 '집중근무 시간제'와 '보고서 1장 쓰기'부터 시작했다.

시간 낭비를 줄이는 '집중근무 시간제'

앞서 주 52시간 근무제 때문에 일을 시킬 수가 없다며 기업들이 불만이라는 이야기를 했다. 그런데 정말 이 제도 때문에 회사의 매출이 줄어들고, 업무에 막대한 차질을 빚고 있는가? 만약 그랬다면 주 52시간제가 시행된 지 3년이 넘은 현재, 뭔가 사달이 나도 단단히 났을 것이다. 역으로 말하면 예전에 얼마나 낭비되는 시간이 많았는지를 보여주는 것이다. 똑똑한 경영자 혹은 임원이라면 제도를 탓하기 전에 이 점을 눈여겨보아야 한다.

예전에는 무엇 때문에 그렇게 야근과 특근을 밥 먹듯이 했을까? 과거에는 상사들이 퇴근시간 직전에 일거리를 던져주는 일이 흔했다(부하직원이 자기보다 먼저 퇴근하는 게 꼴 보기 싫어서 그랬을까). 게다가 남아서 야근하고 특근하는 직원을 우수사원으로 여기는 조직 분위기도 팽배했던 게 사실이다. 그러니 어차피 제때 퇴근할 수도 없는데 낮에는 대충대충 노닥노닥하다가 저녁에 남아서 야근하고 특근하며 시간을 낭비했던 것이다. 그러나 지금은 일을 주고 싶어도 PC가 자동으로 꺼지니 그럴 수가 없다. 더욱이 5시에 PC가 꺼진다는 걸 알면 또 그 리듬에 맞춰서 일을 할 수 있는 존재가 사람이다. 결국 지금이 정상이고 예전이 비정상이었다는 얘기다.

많은 사람이 착각하는 게 있다. "나는 8시간 회사에 있었으니까, 오늘 일을 했다. 게다가 잔업까지 했으니 일을 더 많이 했다. 토요일, 일요일에도 나왔으니까 애사심이 투철하다." 이런 식으로 생각하는 것이다. 하지만 아니다. 시간의 양보다는 일의 질과 내용이 핵심이다. 그래서 조금 앞선 회사들은 출퇴근시간을 자유롭게 한다거나 재택근무, 유연근무를 실시한다. 이미 회사에 나와서 반드시 8시간을 채울 필요가 없는 세상에 우리는 살고 있다. 일의 개념이 확실히 달라진 것이다.

나는 캐논코리아 생산본부장 시절부터 집중근무제를 시행해왔다. 대개 직원들은 그날 할 일을 계획하며 출근하지만, 막상 일을 하려고 하면 아무 때나 회의하자고 하고, 손님이 찾아오고, 전화가 걸려오고, 누가 말을 걸면 응대해야 한다. 그런데 집중근무 시간을 정해놓으면 그 시간만큼은 오롯이 자기 일에 집중할 수 있다. 회의도, 전화도, 손님도, 그 어떤 것도 업무를 방해하지 못하는 시간이기 때문이다(여담이지만 사실 직장생활에서 많은 시간을 빼앗는 것은 회의. 그러므로 회의는 최소화해야 하고 반드시 시작 시간과 마치는 시간을 엄수해야 한다).

이렇게 오전, 오후 2시간씩만 효율적으로 일을 해도 업무의 성과를 상당히 올릴 수 있다. 만약 누군가 "무슨 소리냐, 100% 완전하게 일을 해야지." 하고 묻는다면, 나는 70~80% 낭비되던 시간이 50%로 줄어든다면 그만큼 좋아지지 망할 일은 아니라고 말할 것이다. 게다가 세상일에 '100점'은 없다.

50점짜리도 괜찮으니 일단 시작하라

사실 많은 경영자나 임원들이 100점을 요구하기 때문에 낭비가 생기는 면도 있다. 예를 들어 새로운 사업보고서를 만드는 것은 기안을 만든 직원도, 임원도, 사장도, 모두 처음 가보는 길이다. 그런데 그걸 2~3개월 검토했다고 해서 100점짜리가 될 수 있을까? 안 된다. 그렇다고 5개월, 10개월, 1년 검토하면 리스크가 사라질까? 100점이라는 것은 그야말로 '리스크'가 없는 것이다. 사업을 하면서 리스크가 없다면 그 아이템 가지고 나가서 창업을 하지 왜 월급 받으며 고생하고 있겠는가? 세상에 100점은 없다. 그런데도 100점을 맞기 위해 계속해서 머리만 굴리고 또 굴린다. 대부분의 사람이 99%의 가능성이 있어도 나머지 1%의 불확실성을 확실하게 만들기 위해 모든 것을 낭비하고 결국은 실패하고 만다.

사실 리스크는 IMF 외환위기처럼 언제 올지 모르기 때문에 리스크다. 그것을 알고 미리 대응한다면 그건 이미 리스크가 아니다. '경영'은 내일 벌어질 일을 모르고 나아가야 하기 때문에 늘 '위기'다. 그리고 경영자는 이 위기를 즐기면서 헤쳐나가는 사람이다. 하지만 내일 벌어질 일을 알고 싶어 하는 게 경영자고 임원이다 보니 100점짜리를 갖고 오라며 직원들을 채근한다. 그런데 한번 생각해보자. 경영자나 임원들도 모르는 리스크를 부하직원이 알 수 있을까? 월급도 더 적게 받고, 조찬 강연회든 뭐든 공부도 경영자들이 더 많이 하는데 왜 불가능한 것을 직원들에게 요구하는가? 위기를 헤쳐나가는 능력이 경영자의 능력이고, 실패하면 경영자의 책임이다. 그런데 보고서를 잘못 써서 그렇다며 직원을 탓한다면, 그런 조직에서 성과가 날 수 있을까?

100점을 요구하면 스피드가 떨어질 수밖에 없다. '결재'라는 것은 뛰려고 대기하고 있는 직원들을 위해 '출발' 방아쇠를 당겨주는 일이다. 거기서부터 시작이다. 물론 뛰는 과정에서 넘어지는 사람도 있고, 부정출발을 하는 사람도 있고, 여러 가지 사건들이 일어나겠지만, 그래도 일단은 믿고 방아쇠를 당겨줘야 한다. 그리고 그 과정에서 발생하는 리스크는 일을 진행하면서 그때그때 대응해나가야 한다. 그러지 않고 리스크 발생을 염려하여 방아쇠 자체를 당겨주지 않으면 직원들은 달릴 준비가 되어 있는데도 달리지 못하는 상황이 벌어진다. 결국 그게 다 낭비다.

또한 전례가 없다는 이유로 주저하는 것도 문제다. 전례가 없으면 내가 먼저 해보자는 마음을 가져야지 지레 포기하니 되는 일이 없다. 된다고 생각해도 될까 말까인데, 시작도 해보기 전부터 불안해하면 어쩌라는 말인가? 스스로 알을 깨고 나오면 병아리가 되지만 남이 깨주면 달걀프라이가 된다고 했다. 그러니 가능성에 초점을 맞춰서 해보자는 마음을 가져야 한다.

나는 직원들한테 절대 100점을 요구하지 않는다. 30점도 괜찮고 50점짜리도 괜찮으니 일단 시작하는 것이 중요하기 때문이다.

  우리나라 사람들은 학교에서 계속 100점만 맞으려고 노력했기 때문에 사회에 나와서도 당연히 100점이 기본인 줄 안다. 1개 틀려서 100점을 못 맞으면 잘했다고 칭찬받는 게 아니라, 1개만 더 맞으면 100점인데 왜 그걸 틀렸다고 혼나니까 말이다. 1개 틀린 건 운이 나빠서고, '진짜 공부 열심히 했구나', '대견하다' 하며 고마워하고 칭찬해주어야 한다. 이런 농담이 있다. 어느 공부 못하는 아이가 성적표를 가지고 갔는데 체육만 '양'이고 나머지는 모두 '가'를 맞았다. 그런데 그 엄마가 하는 말이, "잘했다. 그런데 너무 한 과목에만 치중하지 마라." 했단다. 그렇게 칭찬해야 한다.
  1개 틀리면 맞힌 나머지를 칭찬해줘야 한다. 그런데 1개 틀렸다고 야단맞으니까 그걸 안 틀리려고 계속해서 보고서를 다듬고 또 다듬는다. 그러다 보니 1장이면 충분한 보고서가 50장, 100장으로, 전 세계에서 가장 많은 지식을 담으려고 한다. 그렇게 밤새 쓴 보고서를 갖다주면 사장은 "그래, 요점이 뭐야?" 하고 쳐다본다. 보고서는 읽어보지도 않는다. 수십 장짜리 보고서를 언제 읽고 있겠는가. 담당자는 그동안 왜 밤을 새며 했는지 허탈해지는 순간이다. 사실 웬만한 보고가 다 그렇다.

그래서 나는 보고서는 1장이면 충분하다고 강조한다. 아무리 많아도 3장 이내여야 한다. 임원이나 경영자 입장에서는 그 프로젝트를 하는 데 몇 개월 걸리고, 몇 명이 필요하며, 돈이 얼마 드는지가 가장 중요하다. 그것을 어떻게 성공시킬지는 실무자가 알아서 하면 되는 것이다. 때문에 모든 사람의 결재 사인이 들어 있는 첫 장에 결론이 나오고, 그다음 장에 사업설명이 들어 있으면 된다. 사진이나 그림을 반드시 첨부해야 할 경우에라도 3장이면 충분하다.

그러나 나는 이 모든 걸 1장에 담아야 한다고 생각한다. 내가 산덴의 심스보고서를 A4 1장에 담으라고 하는 이유도 똑같다. 이것은 그 자체로 낭비를 줄이는 훈련이기도 하다. 그리고 1장도 많다 싶으면 구두보고 하면 그만이다.

1년치 연간계획 말고 분기마다 게임플랜

조직의 낭비 중에서 가장 큰 낭비 중 하나가 '연간계획 수립'이다. 어느 회사나 해마다 연간계획을 세운다. 그런데 변화무쌍한 시대에 1년 앞을 내다보는 일은 쉽지 않다. 그런데도 내다보는 척하면서 연간계획을 세우다 보니 1월이 지나고 2월이 되면 이미 세워놓은 계획에서 상당히 멀어져 있다. 그렇게 세운

연간계획서는 회장한테 보고하고 나면 잊힌다. 어차피 실현 안 되는 계획인 줄 서로가 아는 것이다.

그런데 그걸 짜기 위해서 직원들은 3~4개월 동안 엄청나게 고생한다. 그럴듯하게 만들어야 하니 데이터도 찾아야 하고, 환율도 예측해야 하고, 경기동향에 GDP도 고려해야 하고, 금리도 고려해야 하고, 별의별 것을 다 조사해서 만들어놓는다. 사실 1년 뒤의 일을 누가 온전히 예측할 수 있겠는가? 우리나라만 잘해서 되는 것도 아니고, 한일 갈등으로 매출이 줄어들 수도 있고, 미중 갈등으로 문제가 생길 수도 있다. 그러니 1년 계획은 계획이고, 현실은 현실이라고 누구나 생각하게 된다. 그런데 사실 이것은 엄청난 낭비다. 한 번 읽고 말 것을 만들기 위해 그 많은 인력과 시간과 비용이 투입되니까 말이다.

계획은 달성하기 위해 세우는 것이다. 이를 성공시키기 위해서는 아주 치밀한 액션플랜이 필요하다. 플랜 A가 안 되면 플랜 B가 있어야 하고, 플랜 B가 안 되면 플랜 C도 있어야 한다. 어떻게든 계획 달성을 위해 노력해야 하는 것이다. 그래서 내가 해온 경영방법이 바로 '게임플랜'이다.

이것은 되지도 않을 1년 치 계획을 한꺼번에 세워놓고 쩔쩔매다 포기해버리지 말고, 1년을 4번으로 나눠서 3개월 단위로 플랜을 세우자는 개념이다. 3개월 단위로 예측하고, 3개월이 끝나면 1년 마감하듯이 마감을 해서 그다음 3개월의 계획을 새로 짜는 것이다.

예를 들어 내년도 1조 매출이 계획이라면, 이것을 4로 나눠서 2,500억씩 4번 달성하도록 계획을 세우는 것이다. 그러면 3개월 단위로 2,500억이 달성됐는지 안 됐는지 평가할 수 있고, 안 됐다면 뭐가 문제인지 파악해서 보완하고 수정해나갈 수 있다. 그런데 1년 계획을 한꺼번에 세워놓으면, 개선할 기회 없이 연말이 돼서야 '아이고, 올해도 계획대로 안 됐네' 해버리게 된다.

이렇게 3개월을 1년으로, 다시 1주를 1개월로 해서 계획을 세우면 인력, 시간, 비용 등을 좀 더 치밀하게 계획할 수 있을뿐더러 3번의 만회 찬스가 생긴다. 더욱이 분기별로 계획을 수립할 수 있으니 동절기, 하절기, 성수기, 비수기 등에 대한 예측이 좀 더 쉽다. 또한 연간계획 수립에 3~4개월이 걸렸다면, 3개월짜리는 한 달도 안 돼 세울 수 있으니 투입되는 인원이나 시간, 비용도 절약할 수 있다.

그런데 이것을 게임하듯이 즐겁게 수립하고 실행하자는 의미로 '게임플랜'이라고 명명했다(이 말은 내가 만든 것이라서 인터넷을 검색해도 안 나온다). 나는 이 게임을 매일 즐기고, 매달 즐기고, 매년 즐겼다. 비 오는 날, 구름 낀 날, 눈 오는 날의 작전이 똑같다면 그 전쟁은 실패한다. 날짜가 다르고 상대가 다르고, 상대방의 활약이 다르면 대응하는 전술이나 작전도 달라야 한다. 날씨가 갑자기 나빠지거나 어두워질 때가 있듯이, 아침에 수립한 작전이 저녁까지 유효하지 않을 수도 있다. 상황이 바뀌면 작전도 바뀌어야 한다. 그런데 직원들이 스스로 게임을 즐기지 못하고, 비가 오는데 "우산 써야 합니까?" 물어본다면, 어떻게 전쟁에서 승리할 수 있겠는가.

룰도 잘 지키고 운전도 아주 잘하는 운전사가 있었다. 그런데 문제는 빨간 신호등이 켜졌는데 손님한테 "멈출까요?" 하고 물어본다는 것이다. 파란 신호등이 들어와도 손님이 가라고 할 때까지 기다린다면 그 사람이 유능한 운전사일까? 유능한 운전사라면, 신호도 잘 지키지만, 신호가 바뀌려는 순간 갈지 말지를 스스로 판단해야 한다. 빨간 불이면 멈추고 파란 불이면 가라는 룰은 이미 있다.

게임플랜도 마찬가지다. 예를 들어 "2,500억 원 매출 달성"이라는 룰이 정해졌으면, 그것을 어떻게 달성할지는 스스로 계획하고 즐기면서 실행하는 것이다. 게임플랜의 핵심은 갈지 말지 지시를 기다리는 것이 아니라, 출발신호가 울렸으면 스스로 즐기면서 달리는 데 있다.

'왜'를 5번 반복하면 진짜 원인과 개선점이 보인다

조직의 낭비는 반드시 제거해야 한다. 이를 잘 인식하고 각각의 상황에 맞추어 제거해나가야 한다. 앞에 이야기한 도요타에서 행하는 5번의 '왜'를 조직의 낭비제거에도 활용해보길 제안한다. 도요타에서는 현장개선 방법으로 '왜'를 5번 외치게 한다. 왜 준비해야 하는지, 그렇게 하면 왜 안 되는지 등 '왜'를 5번 반복하면 진짜 원인과 개선할 힌트가 생긴다.

이것을 조직의 낭비제거에도 활용해서 "예전부터 해왔기 때문에 지금도 그렇게 한다."가 아니라, 신입사원의 시각으로 5번 질문해보는 것이다. 그러면 낭비제거의 테마들이 보일 것이다. 덧붙이자면 5번의 '왜'는 문제의 근원적 해결에도 많은 도움을 준다.

롯데기공에 대표이사로 취임한 지 얼마 안 되었을 때의 일이다. 일본에 수출한 제품에 클레임이 걸려서 반품되는 일이 생겼다. 그래서 문제의 근본원인을 찾아보자는 의미로 '반성회'를 제안했다. 대표이사가 모이라고 하니 직원들이 모이기는 했는데, 분위기가 험악했다. 그 당시 노사분규 때라서 노조원들은 빨간색 투쟁 조끼를 입고 자리에 앉아 있고, 평사원이나 관리자나 자기한테 한마디라도 하면 가만히 안 있겠다는 듯 날카로웠다. 누구 하나 자기 잘못이라는 사람은 없었다. 그리고 속으로는 '새로 온 대표이사가 뭘 안다고 문제를 잡아내나. 우리도 못 하는 걸' 하는 듯했다.

그때 나는 '왜'를 5번 질문해보았다. 왜 이 문제가 사내에서 발견되지 못하고 일본에서 발견되어 되돌아왔는가. 이것 때문에 당장 손해가 얼마나 났는지가 문제가 아니라 다음에 또 그런 일이 생기면 안 되기 때문에 근본원인을 찾자는 것이었다. 그렇게 '왜'를 반복하다 보니 설계에서 부품 선정에 문제가 있었던 게 발견됐다.

그동안 이런 반성회가 없다 보니('왜'라는 질문을 끝까지 해본 적이 없으니) 설계 쪽까지 거슬러 올라가지 않았다. 그냥 제조부서가 잘못한 것으로 뒤집어쓰고, 품질부서가 야단맞고 끝났다. 그런데 끄트머리의 끄트머리 에센스가 나올 때까지 계속 훑어가다 보면 해결책이 보인다. 직원들도 한번 해보더니 재밌어했다. '반성회'라고 해서 야단맞고 반성문 쓰는 것인 줄 알았는데 허심탄회하게 그 과정을 되돌아보면서 문제의 진짜 원인을 찾으니 재밌는 것이다.

산덴에서도 처음에는 '반성회'에 거부감이 있었다. 그런데 지금은 "우리가 반성해야 합니까?" 하던 사람들이 본부장을 중심으로 룰을 만들어서 계속 시행하고 있다. 이름이 '반성회'라서 거부감이 생긴 것이지 사실은 전 과정을 리뷰해보는 것이다. 그러나 손해나 문제에 대해서 반성하는 의미도 있고, 진실을 밝히는 작업이라는 의미로 '리뷰'(이 말은 왠지 가볍게 느껴진다)보다는 '반성회'라는 말을 그냥 쓰고 있다. 예전 산덴의 경우에도 개선이나 혁신을 하다가 문제가 생기거나 품질 클레임이 생기면 그때마다 하던 것을 멈추고 원점으로 되돌리곤 했었다. 하지만 이제는 이 반성회라는 툴을 활용하여 근본적인 원인을 찾아 대책을 수립해나가고 있다.

현재 내 동료를 슬프게 하는 것부터 제거하자

4차 산업혁명의 시대에 살고 있다. 4차 산업혁명의 주역은 과연 누구일까? 로봇일까? AI일까? 나는 단연코 인간이고 직원들이라고 생각한다. 따라서 직원들이 몸담은 회사 내의 조직이나 시스템은 대단히 중요하다.

2016년 한국경영자총협회의 설문조사에 따르면, 신입사원들의 조기퇴사 이유로 조직, 직무 적응 실패가 약 50%의 비중을 차지하고 있다. 급여나 복리후생보다도 조직적응이 더 심각한 문제라는 것을 나타낸다. 따라서 경영자들은 입사하자마자 퇴사하는 신입사원들을 '요즘 젊은 것들'이라고 탓만 할 게 아니라 '우리 조직의 무엇이 문제인지, 공들여 뽑아놓은 젊은 세대들이 왜 적응을 못 하고 나갈 수밖에 없는지'를 살펴야 한다. 직원은 물이고 고객이라는 관점에서 반성회를 해볼 필요가 있다는 말이다.

전근대적인 상명하복식의 군대문화, '까라면 까고 하라면 하라'는 '까까하하' 문화, 신선한 아이디어나 창조적인 생각을 이해조차 못 하는 세대 간의 단절과 소통부재를 해결하지 않고는 신세대를 담을 수 있는 그릇, 즉 조직문화를 제대로 만들 수 없다.

최근 경영계의 화두는 인간존중, 인간중심 경영이다. 그중에서도 가장 소중한 직원존중, 직원행복을 어떻게 실현할 수 있을까에 대한 논의가 활발하다. 그러나 어떻게 하면 직원들을 행복하게 해줄 수 있을까를 고민하기에 앞서 현재 직원들을 슬프게 하는 것들부터 제거하는 것이 순서 아닐까? 손발을 묶어놓고 우리에 가둔 채 월급 많이 주니까 행복할 거라는 환상에서 벗어나는 길만이 젊은 세대들과 공존할 수 있는 길이라고 생각한다.

산덴 사람들이 직접 경험한
셀컴퍼니 이야기

산덴에서 셀컴퍼니를 킥오프한 지 벌써 3년이 지나고 있다. 그
동안 새로운 시스템에서 생소한 경험을 했던 셀컴퍼니장들의
생생한 경험담을 간단히 소개한다.

셀컴퍼니로 바뀐 후 어려웠거나 고민했던 것?

컨베이어 라인을 사랑하던 사람들의 의식을 바꾸는 것이 가장 힘들었다. 개혁
에 반대하는 세력들이 있었지만, 그런 목소리에 아랑곳하지 않고, 킥오프까지
계속 달렸다. 그리고 셀생산라인을 구축할 때 조립이나 피킹을 어떻게 해야 생
산성을 향상시킬 수 있는지, 그 검증을 반복하는 과정은 매우 고생스러웠지만
보람 있었다. - 가바사와

셀컴퍼니로 바뀌며 권한의 범위가 넓어진 것이 불안했다. 생산에 필요한 부품을 스스로 관리해야 하는 것이 처음에는 부담스러웠다. 지금껏 재고, 회전일수, 면적 등에 대한 경영관리를 해보지 않았기 때문이다. 책임에 대한 불안도 있었다. - 이와사키

셀컴퍼니의 의식개혁은 호칭부터 시작되었다. 작업자는 라인에 들어가 조립작업을 하는 사람이라면, 셀의 스태프는 항상 스스로 생각하고 스스로 개선하는 사람이다. 셀컴퍼니로 바뀐 후로 우리는 작업자를 스태프로 부르며, 스스로 생각하고 실천하게 만드는 데 노력했다. - 가와치

셀컴퍼니 이전에는 어떻게 해야 스태프의 의식을 바꿀지 별로 고민하지 않았는데, 이제는 스스로 그런 고민을 하게 되었다. 경영의 안목을 가지고 무엇이든 돈으로 환산하는 것이 처음에는 좀 힘들었다. - 아쿠츠

이전에는 관리한 적이 없었던 일련의 간접업무에 대해, 날마다 공부하고 실천하느라 초기에는 꽤 고생했다. 지금까지는 단지 생산만이 제조의 역할이라고 인식해, 부품 미납 등은 타부서의 책임이라고 생각했는데, 셀컴퍼니 체제 후에는 내 책임으로 여기며 스스로 대응했다. 처음에는 기본 지식이 부족해 효율적으로 대응하지 못했다. - 오기노

셀컴퍼니 덕분에 성공했거나 좋았던 것?

전체적으로 혁신에 대한 저항이 사라지자 변화의 속도가 더욱 빨라졌다. 이전에는 지시받고 강요받던 것을 스스로 생각하면서 실행하니 '회사의 주인공'이 된 것 같아 즐거워졌다. 문제가 생기면 그것과 관계가 있는 모든 사람이 지도회에 참가해, 그 자리에서 해결책을 찾고 결론을 내릴 수 있어 일이 빨리 진행된

다. 문제파악 단계에서부터 금액으로 환산하는 습관이 붙자 개선효과를 정량적으로 알 수 있게 되었다. 개선 후, 현장직원들로부터 '고맙다'는 말을 많이 들었고 그만큼 보람도 커졌다. - 가바사와

업무가 더욱 재미있어졌다. 동료들과 함께 '좋은 제품을 싸고 빠르게 만들기' 연구를 활발하게 하고 있다. 셀컴퍼니 덕분에 문제를 빨리 공유할 수 있고 그만큼 해결속도도 빨라졌다. 그런 경험을 하고 나니 나를 비롯해 셀리더 모두의 생각이 바뀌었다. 좀 더 넓게 보고 일할 수 있어 모두 성장하는 기회가 되었다. - 이와사키

무엇이든지 코스트로 환산하는 습관을 갖게 되었다. 셀컴퍼니가 권한을 더 많이 갖게 되면서 독자적인 활동도 가능해졌다. 그래서 (실패한 것도 있었지만) 좋은 결과가 나왔을 때 기쁨과 성취감은 더욱 컸다. 그리고 예전에는 업소용 냉장고 생산부문과 자판기 생산부문 사이에 벽이 느껴졌지만, 지금은 그렇지 않다. 사람도 일도 효과적·효율적으로 움직이고 있다. - 이치노세

스태프 한 사람 한 사람이 멀티플레이어가 되었다. 생산부문도 개발, 제품기술과와 함께 구조설계를 재검토해 생산성을 개선할 수 있었다. 현장이 활성화된 느낌이다. 또 고정관념이나 선입견 때문에 당연히 해야만 한다고 생각한 과잉업무를 줄였다. 검사의 낭비를 줄이고 효율화시켰다. 매달 지도회를 할 때마다 개선사례를 보고하거나 발표하는데, 그런 행사가 셀컴퍼니장이나 셀리더들에게 지속적으로 동기부여를 해준다. 덕분에 각자의 생각을 정리하고 전달하는 능력이 향상되었다. - 가와치

조립부터 검사, 포장, 출하까지 4시간 이상 걸렸는데, 셀방식으로는 2시간 이내에 끝난다. 라인이 여러 개라서 다품종 대응도 가능하다. '싸고 좋은 것을 빨리'라는 쉬운 슬로건 덕분에 일반 스태프도 어떻게 하면 개선할 수 있을지 고민

하게 되었다. 당연히 생산성을 높이는 아이디어들이 활발하게 나왔다. 또 권한이 확대되면서 셀컴퍼니의 활동범위가 넓어졌고, 타 부문과의 제휴도 활발해졌다. 덕분에 문제해결, 과제대응 스피드가 극적으로 빨라졌다. 사람 중심 제조 방식의 본질을 배웠고, 사람의 소중함, 인간존중의 필요성을 절실히 느꼈다. - 우에키

심스 활동 덕분에 스태프들이 스스로 혁신을 주도했다. 셀컴퍼니끼리 선의의 경쟁을 함으로써 회사 전체가 활기차게 바뀌었고 생산성도 대폭 향상되었다. 자연스럽게 목표의식도 생겨났다. 그리고 셀컴퍼니를 중심으로 '하나의 팀'이라는 의식을 갖게 되어 스태프 간 협동심도 향상되었다. - 하시즈메

역할과 책임이 명확해져서 각자의 역할에 대해 깊이 인식할 수 있었다. 종합병원과 동네의원 개념을 도입해보니 일상 업무 중에 부문 간의 연계가 활발해졌고, 간접부문에 뭔가를 요청하거나 의뢰하기가 쉬워졌다. 전체적으로 의사결정 속도가 빨라져 일이 원활해졌다.
예전에는 만드는 제품에 따라 조직이 나누어져 서로 서먹했는데, 이제는 지도회나 심스발표회 등에서 다른 부문 사람들을 자주 만나다 보니 커뮤니케이션이 활발해졌고, 서로 협력하는 분위기가 생겨났다. 셀컴퍼니장끼리 서로 돕는 관계가 되었다는 것이 제일 좋았다. - 오기노

동영상 촬영과 타임 프리즘으로 동작 낭비를 분석해보았더니 개선안이 많이 나왔다. 그리고 즉각 변화시킬 수 있었다. 무엇보다 셀컴퍼니의 인간존중 정신을 배우고 나서는 스태프들끼리 서로를 대하는 태도가 바뀌었다. 관계가 향상되니 의견개진도 활발해졌고, 실행에도 적극적으로 참여하게 되었다. 나 자신부터 즐겁게 일하고 있다.
제품기술과가 신설되어 설계변경안을 쉽게 낼 수 있다. 지금까지 없던 원가절감 방안이 활발히 나오고 있다. 간접부문의 일부 역할을 담당하는 마이다스가

제조부 내에 있어 생산활동과 업무개선을 효율적으로 대응해준다. - 이시야마

산덴은 코로나19 위기를 어떻게 극복했는가?

감산기에는 원가절감이나 생산성 향상 같은 코스트다운 테마에 도전했다. - 가바사와

코로나19 덕분에 제조업의 과제가 무엇인지 선명해졌다. 문제의식을 가지고 스스로 답을 찾기 위해 노력했다. 부품 납품 지연 등의 트러블이 있어도 스스로 생산계획을 조정하면서 적절히 대응할 수 있었다. - 이와사키

팬데믹 상황 때문에 국제정세나 주문량, 부품 수급 등이 수시로 변동했다. 그런 상황에서 각 셀컴퍼니들은 생산량이 늘거나 줄어도 빠르게 대응했다. 컨베이어 생산이었다면 절대 그렇게 하지 못했을 것이다. 휴업 등을 포함해 전 스태프들과 협력해 공장 가동시간이 줄어든 가운데서도 각자의 역할을 꾸준히 해내고 성과로 연결시켰다. 셀컴퍼니로 조직 전체가 유연해졌을 뿐만 아니라 스태프 한 명 한 명이 서로 협력한 덕분에 가능했다. - 이치노세

코로나19 영향으로 인해 반도체나 기능 부품이 부족해진 경우도 있었다. 그러한 정보를 신속하게 입수하고 공유하는 체제가 갖춰져 있었기 때문에, 셀컴퍼니 내에서 생산 순서를 변경하거나 반완성 형태로 대응하는 등 빠르게 대처했다. 시간과 인원이 남는 경우는 신규 공정을 편성하거나 동기 생산 등 새로운 것에 도전할 수 있었다. - 우에키

코로나19를 기회로 삼아 각 셀컴퍼니는 더욱 면밀하게 인원조정을 할 수 있었다. 여러 상황을 대응하는 훈련을 해볼 수 있었고, 그 과정에서 셀컴퍼니 셀원

들을 마이스터와 멀티플레이어로 키워냈다. 핀치를 기회로 삼자, 관점을 바꾸면 생각이나 행동도 바뀐다는 김 고문님과 모리 사장님의 말씀을 실천할 수 있는 기회였다. - 오기노

모든 것을 걸고 싸워서
쟁취한 값진 승리

카멜레온과 같이 변화하는 기업만이 살아남을 수 있는 시대다. 변화는 기업의 숙명이며 당연히 이겨내야 하는 과제다. 기업의 경쟁력은 상대성이다. 경쟁력이 있느냐 없느냐는 상대 기업, 즉 경쟁사에 의해 좌우된다. 상대 기업보다 더 높은 경쟁력을 항상 확보하고 있어야 하고, 언제 변할지 모르는 고객의 입맛 변화에 대응해나갈 수 있는 순발력과 스피드, 기술력 등을 갖추고 있어야 한다. 이런 변화에 대응해나가기 위해서는 군더더기 없는 조직과 낭비 없는 업무로 기업을 가볍게 해야 하고, 자기결정권을 가지고 빠르게 대응해야 가능하다.

이미 다품종 소량생산의 시대다. 과거에는 컨베이어 시스템에 의해 대량생산이 되더라도 수요가 더 많아서 재고 부담이 없었다. 만들면 다 팔리던 시대였기 때문이다. 그러나 지금은 고객이 선택하는 시대다. 수많은 경쟁사가 대동소이한 물건들을 생산하니 소비자로서는 선택의 폭이 넓어졌지만, 기업은 그만큼 재고리스크가 커졌다. 따라서 공장조직은 다품종 소량생산에 적합하도록 모든 것을 혁신하고 바꿔야 한다. 그러나 아직도 대부분의 기업이 그러지 못하고 있다. 여전히 컨베이어 시스템을 버리지 못하거나, 셀생산을 한다고 해도 관리시스템은 컨베이어 시대의 것을 그대로 쓰는 게 현실이다.

지금과 같은 다품종 소량시대에 적합하도록 만들어진 것이 셀컴퍼니 시스템이다. 소품종 대량생산 시대에는 물건의 가격도 기업이 정했다. 그래도 없어서 못 팔았다. 그러나 다품종 소량생산 시대인 지금은 고객이 가격을 정한다. 기업은 필사적으로 노력해서 가격을 맞춰내야 한다. 그것이 숙명이고, 맞춰내지 못하면 생사의 기로에 설 수밖에 없다.

최근 많은 기업이 재고부담으로 아우성이다. 그 원인에는 여러 가지 요인이 있지만, 시장경쟁이 치열해져서 제품의 라이프사이클이 극단에 가까울 만큼 짧아진 것도 하나의 요인이다. 100만 원이 넘는 스마트폰도 1년에 서너 기종씩 신제품이 나오지 않는가? 그런 사례만 보아도 시장경쟁이 얼마나 피를 말리는 지경인지 짐작할 수 있다.

이러한 재고문제를 해결하기 위해 각 기업들마다 SCM(Supply Chain Management)을 활용하고는 있지만 그 효과는 미미한 편이다. 어떻게 하면 재고를 짊어지지 않으면서 고객으로부터 주문이 들어오면 바로 생산해낼 수 있을까? 이것이 앞으로 거의 모든 기업이 해결해나가야 할 숙제다. 그 대응을 위해서라도 업무의 낭비를 줄이고 조직을 슬림하게 바꿔야 한다. 그래야 빠르게 의사결정하고 실행할 수 있다. 특히 우리나라와 일본은 동남아 국가들보다 인건비가 비싸기 때문에 셀컴퍼니로 그 문제를 해결해야 한다. 내가 지도하고 있는 산덴 역시 누구보다 열심히 도전하고 있다.

컨베이어 철거와 셀방식으로의 전환, 그리고 셀컴퍼니로 진화시켜온 기간이 무려 20년이다. 그 20년의 직장생활이 나에게 큰 보람과 재미도 주었지만, 사실 위기의 연속이었다. 제조부장에서 승진해 생산본부장이라는 막중한 자리를 맡았을 때는 생산을 제대로 해야 하고 품질과 수출가격도 맞춰야 하는 압박감과 책임감으로 스트레스가 컸다. 셀컴퍼니는 누가 지시한 것도, 추천한 것도 아니었지만, 내 모든 것을 걸고 싸워서 쟁취한 값진 승리였다. 아마 누가 시켜서 해야 하는 일이었다면 너무 괴롭고 어려워서 중도에 포기했을 것이다.

당시에는 나부터도 컨베이어 없는 생산을 상상도 하지 못했다. 게다가 주위의 모든 상사와 동료, 후배직원들이 반대했다. 한 사람, 한 사람 설득도 해가며 추진해나가는 과정은 매순간 살얼음판이었다. 도와주는 사람 하나 없는 가운데 하다가 막히면 "그것 봐라. 내가 안 된다고 했지?", "나서서 설치더니 그것 참 잘됐다. 고소하네." 하는 반응들이었다. 한 단계씩 극복해나가는 스릴과 쾌감도 있었지만, 무언가가 해결이 안 되어 막힌 순간에는 2~3일 밥맛도 없었다. 오로지 내 머리에서 답을 찾아내야만 했다. 그리고 드디어 찾아내었고, 셀컴퍼니 시스템을 완성했다.

내가 셀생산과 셀컴퍼니 시스템에서 강조해온 것은 '인간성 회복'과 '인간존중'이다. 셀컴퍼니는 그동안 컨베이어의 노예가 되어 고생한 소중한 직원들을 해방시켜주었다. 주체적으로 생각하고 지혜를 맘껏 발휘하게 했더니 직원들은 활짝 웃었고 조직 전체의 분위기도 밝아졌다. 나는 이것이야말로 진정한 인간존중이라고 생각한다.

2001년에 화장실 맘껏 가게 해주겠다며 셀생산에 반대하는 직원들을 설득했을 때 반신반의하던 직원들의 표정도 생생하게 떠오른다. 2002년 1월 31일과 셀컴퍼니가 시작된 2월 1일은 불과 하루 차이였다. 하지만 단 하루 만에 확 달라진 직원들의 표정과 행동을 보고 나는 셀컴퍼니의 성공을 확신했고, 지금까지도 자신 있게 일본 산덴에 접목해가는 중이다.

그동안 셀컴퍼니의 완성을 위해 동고동락해준 캐논코리아 임직원들께 깊이 감사드리며, 셀생산의 마지막 결정의 순간에 내 손을 들어주었던 고故 김정린 사장님, 그리고 그 당시엔 아무도 이해 못 했던 셀컴퍼니 시스템 실행을 과감하게 결단해주신 김대곤 사장님께 새삼 감사의 인사를 드리고 싶다. 또한 이렇게 재미있고 스릴 넘치는 직장생활의 터전을 만들어주신 롯데그룹 회장님께도 감사드린다. 마지막으로 이 책을 출간하는 데 도와준 모리 사장과 산덴의 모든 임직원 여러분께 감사드린다.

산덴 공장의 기적

2022년 7월 8일 초판 1쇄 | 2023년 1월 3일 4쇄 발행

지은이 김영순
펴낸이 박시형, 최세현

책임편집 최세현 **디자인** 박선향
마케팅 이주형, 양근모, 권금숙, 양봉호 **온라인마케팅** 정문희, 신하은, 현나래
디지털콘텐츠 김명래, 최은정, 김혜정 **해외기획** 우정민, 배혜림
경영지원 홍성택, 이진영, 김현우, 강신우
펴낸곳 쌤앤파커스 **출판신고** 2006년 9월 25일 제406-2006-000210호
주소 서울시 마포구 월드컵북로 396 누리꿈스퀘어 비즈니스타워 18층
전화 02-6712-9800 **팩스** 02-6712-9810 **이메일** info@smpk.kr

ⓒ 김영순(저작권자와 맺은 특약에 따라 검인을 생략합니다)
ISBN 979-11-6534-531-0 (03320)

쌤앤파커스(Sam&Parkers)는 독자 여러분의 책에 관한 아이디어와 원고 투고를 설레는 마음으로 기다리고 있습니다.
책으로 엮기를 원하는 아이디어가 있으신 분은 이메일 book@smpk.kr로 간단한 개요와 취지, 연락처 등을 보내주세요.
머뭇거리지 말고 문을 두드리세요. 길이 열립니다.